LA**VILLE**

LOUANGE POUR *LA VILLE*

"David Busic's The City is a provocative dare not just to the Church of the Nazarene but also to the larger Wesleyan-Holiness family in the United States and Canada. This book challenges us to revisit our past and our frame for the future ; it begs us to re-pivot and seize twenty-first-century opportunity, as did the first-century Acts of the Apostles. Busic's argument for urban focus is persuasively grounded in fresh exegesis of Scripture, history, society, and culture. More than just another call to action, it is a challenge to reunite our passion for souls and a vision to transform the world around us. Read it. Ask the Holy Spirit to help you think about it. Read it again. Then, do something about it. A desperate world is waiting."

Jim Lyon
General Director
Church of God Ministries

« Fort d'une précision née de l'amour du message sur la sainteté et de l'amour pour la ville, David Busic a rédigé un traité fort à propos, qui fournit non seulement la justification du ministère au cœur des villes, mais aussi une carte pour guider notre mission de retour vers cette frontière négligée. L'ouvrage nous rappelle la passion que Jésus nourrissait pour les personnes et les villes, et ravive la vision de John Wesley et de Phineas Bresee pour ce travail important. »

David W. Bowser
Mid-Atlantic District Superintendent
Church of the Nazarene

« À une époque où les villes américaines sont florissantes et que les opportunités de ministère affluent, l'Église est trop souvent en marge. David Busic a habilement relié l'histoire de l'Église, la théologie, l'Écriture, la sociologie et la missiologie de manière informative, innovante et instructive pour la mission de l'Église dans la ville. *La Ville* est un livre important et opportun, en particulier pour les pasteurs et les responsables laïcs wesleyens. Il est bien rédigé et accessible. Il est à-propos et important. Joignez-vous à la conversation pour réfléchir de manière créative au ministère dans le contexte urbain américain. »

Ron Benefiel Dean,
École de théologie et de ministère chrétien
Université Point Loma Nazarene

« *La Ville* accomplit l'exploit presque impossible d'être à la fois prophétique et plein d'espoir. Ce livre naît de la grâce optimiste profondément enracinée dans l'ADN de la tradition wesleyenne de la sainteté. Il est évident que Busic aime profondément l'église, aussi l'appelle-t-il à ce qu'il y a de meilleur et peut-être de plus difficile. L'internationalisation des villes et la force de la génération millénaire renforcent la conviction biblique et théologique profonde que Dieu offre une nouvelle occasion d'être une présence transformatrice dans la ville. Alors que David propose quelques approches pratiques pour stimuler la réflexion, il use d'une écriture empreinte d'un esprit de mouvement fondé sur le modèle, qui laisse aux lecteurs la pleine liberté d'exercer leur créativité à l'image de l'Esprit. »

Wayne Schmidt
Surintendant général
de l'Église wesleyenne

« David Busic nous fait naviguer dans l'histoire du mouvement de la tradition wesleyenne de la sainteté. Dès le départ, il fait le récit chronologique nous conduisant vers la ville et, tragiquement, de notre retrait de celle-ci. Busic pose les jalons théologiques qui permettent à l'église de revenir dans la ville et d'y prospérer. Dieu est véritablement le Dieu de la ville. *La Ville* est un ouvrage à lire absolument, car nous sommes tous appelés à prendre soin de la ville, et notre théologie est fondée sur l'espérance en la ville ! »

Jay Height
Directeur exécutif, Shepherd Community Center
Indianapolis, Indiana

« En cette période turbulente portée à des changements culturels, structurels et économiques accentués par l'urbanisation rapide de notre monde, la foi chrétienne a rarement eu une responsabilité spirituelle et morale plus urgente pour vivre et proclamer ses vérités. De la même manière et en particulier, Busic affirme que l'héritage de la tradition wesleyenne de la sainteté a eu une opportunité sans précédent d'affirmer et de présenter clairement au monde urbain émergent, en particulier à ceux qui sont en marge, un message de transformation personnelle et sociale plein d'espoir. Il ne s'agit pas d'un nouveau programme, mais il n'est pas non plus facile à adopter, comme l'atteste Busic dans ce livre. En effet, *La Ville* devrait être lu comme un appel à ceux qui, au sein du mouvement de la tradition wesleyenne de la sainteté, incarnent pleinement son ecclésiologie missionnaire, non pas pour récupérer ce qui était, mais pour discerner des moyens créatifs d'accomplir des ministères contextuels, fidèles et audacieux dans le paysage urbain en constante évolution. »

Michael Mata
Missiologue urbain Pasteur pour l'engagement communautaire
Los Angeles Première église du Nazaréen

978-1-56344-972-7

Copyright © 2022
David A. Busic

Initialement publié sous le titre
The City
Copyright © 2022 par David A. Busic
The Foundry Publishing
Kansas City, MO 64141 thefoundrypublishing.com

Tous droits réservés. Aucune partie de cette publication ne peut être reproduite, stockée dans un système d'extraction ou transmise sous quelque forme ou par quelque moyen que ce soit : électronique, photocopie, enregistrement, sans l'autorisation écrite préalable de l'éditeur. La seule exception concerne les brèves citations dans les critiques imprimées.

Conception de la couverture : Rob Monacelli

Conception intérieure : Kevin Williamson

Les adresses Internet, les adresses électroniques et les numéros de téléphone figurant dans ce livre sont exacts au moment de la publication. Ils sont fournis à titre de référence. The Foundry Publishing ne les approuve pas et n'est pas responsable de leur contenu ou de leur permanence.

LA VILLE

Les églises urbaines dans la tradition wesleyenne de la sainteté

DAVID A. BUSIC

f&s

Éditions Foi et Sainteté

TABLE DES MATIÈRES

Remerciements / 9

De L'auteur / 11

Introduction / 13

Première Partie : Contexte

La genèse de la ville / 21

Le Grand Retournement / 31

Deuxieme Partie : Théologie

Une spiritualité wesleyenne de la sainteté pour la ville / 49

Ecclésiologie urbaine / 57

Fondements scripturaires / 75

Partie 3 : Stratégie Et Pratique

Les défis d'un avenir urbain / 93

Inverser le Grand Retournement / 107

Manifestations actuelles / 117

L'eglise paroissiale / 129

Conclusion / 145

Postface : La nature symbolique des villes bibliques / 147

REMERCIEMENTS

De même que la vie, aucun livre ne peut exister sans l'apport de nombreux contributeurs. Mon intérêt pour la ville provient de l'influence d'une figure paternelle, un mentor qui a été surintendant de district pour les églises de San Francisco et de ses environs. Clari Kinzler avait l'habitude de dire : « David, n'oublie pas nos villes. Nous devons atteindre nos villes. Notre théologie fonctionne dans la ville. » Aujourd'hui octogénaire, la vision de Clari pour l'église est plus fraîche que jamais.

Mon ami et partenaire de responsabilité de longue date, Ron Benefiel, m'a communiqué une passion pour l'histoire et le travail de l'Église du Nazaréen dans la ville. Sa foi inébranlable dans le message de la tradition wesleyenne de la sainteté et son engagement profond envers les pauvres m'inspirent fidélité.

Merci à Julie Burch et Laura Lighthill, dont la révision minutieuse sublime mes écrits comme je serais incapable de le faire seul.

Merci à Bonnie Perry, directrice éditoriale par excellence, qui incarne la vie de Barnabas mieux que quiconque et qui me rappelle sans cesse : « David, c'est à toi d'écrire cela. »

Merci à Chris Pollock et Michaele LaVigne de m'avoir fait sentir que mon mentorat compte. De plus, les questions de fin de chapitre et les mini-reportages de Michaele sur les praticiens urbains offrent un aperçu sur le terrain de la diversité des moyens dont dispose l'église pour intégrer la ville.

Merci à mes enfants devenus adultes, Megan, Ben et Madison, pour nous avoir donné la joie pure d'être nos meilleurs amis, et à Christi, pour tout le reste.

DE L'AUTEUR

Comme vous le découvrirez bientôt, c'est à dessein que les notes de bas de page sont abondantes dans ce livre. J'ai une grande dette envers la pléthore de penseurs, d'écrivains et de praticiens pionniers du centre urbain qui m'ont précédé. Je vous encourage à examiner attentivement les notes de bas de page, à la fois pour une étude plus approfondie et pour les idées offertes en dehors du corps de texte principal. Pour des raisons de commodité, des citations complètes sont proposées avant le début d'un nouveau chapitre, même si l'auteur ou la ressource en question ont déjà été cités auparavant.

INTRODUCTION

« Cela fait très longtemps que je caresse le vif désir de posséder un endroit au cœur de la ville, qui pourrait être un centre abritant le feu sacré, et où l'Évangile pourrait être prêché aux pauvres. »

—Phineas Bresee

L'Église du Nazaréen est née en 1895 à Los Angeles, en Californie, sous la direction de Phineas F. Bresee, qui est largement considéré comme le fondateur de la dénomination. Bresee a quitté une position importante dans l'Église méthodiste épiscopale pour se consacrer aux pauvres et aux toxicomanes de Skid Row, dans le centre urbain de Los Angeles. Dans son journal, on peut lire : « Cela fait très longtemps que je caresse le vif désir de posséder un endroit au cœur de la ville, qui pourrait être s'est un centre abritant le feu sacré, et où l'Évangile pourrait être prêché aux pauvres. »[1]

Après que les pères fondateurs ont prié toute la nuit, un laïc du nom de J. P. Widney (deuxième président de l'Université de Californie du Sud) a proposé l'appellation « Église du Nazaréen ». Le nom serait un témoignage symbolique que l'église naissante serait identifiée avec ce trait du ministère de Jésus consacré à ceux qui ne le méritaient pas et qui avaient été marginalisés, ce qui a valu ce nom à l'église.[2] Le procès-verbal de la réunion d'organisation de la première église du Nazaréen de Los Angeles, Californie – daté du 30 octobre 1895 – déclare ce qui suit :

> Nous sentant clairement appelés par Dieu à poursuivre son œuvre de conversion des pécheurs, de sanctification des croyants et d'édification dans la sainteté de ceux qui peuvent être confiés à nos soins, nous nous associons en tant qu'église de Dieu sous le nom de l'Église du Nazaréen. Le champ de travail auquel nous nous sentons particulièrement appelés se situe dans les quartiers défavorisés des villes et à quelque endroit où on pourrait retrouver des âmes en quête de pardon et de purification des péchés. [Ce travail, nous voulons l'accomplir par l'intermédiaire de] missions urbaines, de

cultes d'évangélisation, de visites de maison en maison, de soins aux pauvres, de réconfort aux personnes mourantes.³

S'appuyant sur cette déclaration, Bresee et les autres nazaréens qui l'ont rejoint dans cette quête, ont lancé un mouvement urbain. L'engagement de l'Église du Nazaréen envers les villes a suscité un regain d'intérêt pour les masses de la part de nombreux autres groupes et églises, et a été une motivation viable pendant les premières années de la nouvelle dénomination. Elle était motivée à la fois par des raisons théologiques et sociales. Cependant, au fil du temps, le concept de croissance de l'église de « rédemption et d'élévation »⁴ a fait que les églises urbaines tendent à se transporter vers les banlieues où leurs membres se déplaçaient.

Paul Benefiel, ex-surintendant de district de l'Église du Nazaréen pour le District de Los Angeles et sociologue de formation, a laissé entendre que l'Église du Nazaréen s'était peut-être éloignée de l'objectif initial de Bresee dès 1901.⁵ Cette supposition est soutenue par une déclaration que Bresee a écrite dans le *Nazarene Messenger* le 31 décembre 1901 : « La preuve de la présence de Jésus au milieu de nous est que nous apportons l'Évangile, en particulier aux pauvres. Cela doit être authentique. C'est plus qu'un sentiment ; cela ne peut être ni simulé ni imité avec succès. »⁶ Deux mois plus tôt, en octobre 1901, Bresee écrivait : « Le premier miracle après le baptême du Saint-Esprit s'est produit sur un mendiant. Cela signifie que le premier service d'une église baptisée du Saint-Esprit est orienté vers les pauvres ; son ministère est dirigé vers ceux qui en ont le plus besoin. De même que l'Esprit était sur Jésus, prêchant l'Évangile aux pauvres, de même son Esprit est sur ses serviteurs pour la même cause. »⁷

Encore une fois, Paul Benefiel affirme : « Bien que les pères fondateurs de l'Église du Nazaréen aient vu que leur ministère principal était auprès des pauvres et des villes, il est également évident que les églises de cette dénomination s'éloignaient généralement des pauvres et des villes. La plupart des églises n'étaient pas en mesure de faire face à l'agitation, à la tension et aux frustrations du centre-ville. »⁸ Des forces internes et externes ont modifié la trajectoire initiale de l'accent mis sur les pauvres des villes et le bien-être des villes.

INTRODUCTION

En plus de ces débuts, une autre vision émergeait, selon Timothy L. Smith, un historien de l'Université Johns Hopkins qui a écrit l'histoire prééminente de l'Église du Nazaréen. Tissant magistralement l'histoire de la dénomination, Smith soutient que les premières années de l'Église du Nazaréen ont été forgées à partir d'un compromis entre deux visions similaires, mais légèrement différentes, de la vie chrétienne. Le résultat obtenu a alterné entre une tension créative et une source de conflit. Pour utiliser les termes de Smith : « Ni l'origine ni l'histoire ultérieure de l'Église du Nazaréen ne peuvent être comprises sans une connaissance des deux traditions de sainteté, *urbaine* et *rurale*. »[9]

Les caractéristiques distinctives que Smith voyait dans le levain urbain de l'église, principalement issu de l'influence nordique, comprenaient une inclination à l'éducation avec une compréhension et une empathie pour le wesleyanisme original tel qu'on le trouve dans les enseignements théologiques et les réformes sociales de John Wesley. Les centres de force ecclésiastique du Nord se trouvaient principalement dans les villes ou les banlieues proches. En revanche, le groupe du sud était principalement rural et adoptait une position rigoureuse contre la formalité et la mondanité. Leur tendance était davantage axée sur l'évangélisation agressive, la crise personnelle de l'entière sanctification dans la vie du croyant, et une forte influence de l'éthos des réunions de camp du mouvement de la sainteté du 19e siècle.

Cette union ténue entre les traditions urbaines et rurales de la sainteté a été considérée comme un miracle par beaucoup et, comme Smith l'observe, a été la clé pour comprendre l'ADN nazaréen. Cependant, elle a continué à être une tension persistante à travers les années, dans la structure, la polarité et la stratégie de la dénomination. Alors que les emphases des Nazaréens du nord et du sud n'étaient pas fausses, le changement de polarité a eu un impact profond sur le mouvement urbain de l'Église du Nazaréen. Par la deuxième génération, l'intérêt missionnaire nazaréen s'était déplacé presque exclusivement vers les zones suburbaines et rurales.

L'Église du Nazaréen a beaucoup évolué depuis ces premiers jours, mais les chemins divergents des débuts de la dénomination demeurent. Un nouveau chemin peut-il être formé pour qu'une église urbaine coexiste avec une église revivaliste, soucieuse de la croissance de l'Église ? Une église à l'esprit rural peut-elle être réorientée pour atteindre les grands centres urbains du monde ? Si l'Église du Nazaréen a été formée par la fusion de deux traditions distinctes de la sainteté, urbaine et rurale, alors le Seigneur de l'Église peut aussi aider des traditions disparates à redécouvrir une tension saine pour l'avenir.[10]

L'objectif de ce livre est de développer de nouvelles façons de penser les stratégies missionnaires pour l'implantation, le développement et le renouvellement des églises dans le contexte urbain. Bien que la vision du monde prédominante se concentre sur l'Église du Nazaréen, ce livre examine comment une théologie missionnaire robuste, enracinée dans le meilleur de la tradition wesleyenne de la sainteté, peut prendre forme dans un contexte urbain en croissance rapide de diverses traditions ecclésiales et structures confessionnelles. En outre, un examen des expériences et des comportements nazaréens, certains exceptionnels et d'autres déficients, nous aidera à examiner comment les pratiques théologiques peuvent nourrir et promouvoir un mouvement dynamique d'implantation d'églises pour ceux qui sont wesleyens de cœur.[11]

L'Organisation Mondiale de la Santé prévoit qu'à l'horizon 2030, six personnes sur dix vivront dans une ville, et que d'ici à 2050, cette proportion passera à sept personnes sur dix. Ces projections font presque doubler la population urbaine mondiale, qui atteindra 6,4 milliards de personnes. Leigh Gallagher rapporte que, selon les données du recensement, les plus grandes villes américaines « ont connu une croissance plus rapide [de 2010 à 2011] que leurs banlieues pour la première fois en cent ans. »[12]

Comme l'Église du Nazaréen est devenue plus riche et a augmenté son statut socio-économique au cours des dernières décennies, elle est devenue efficace pour atteindre les zones suburbaines et rurales. Alors que les frontières entre les villes et les banlieues sont floues dans certaines localités, le ministère au cœur des villes n'a pas bien fonctionné. C'est une réalité troublante, surtout à la lumière des récentes prédictions de croissance urbaine qui n'augurent rien de bon pour la mission future de l'Église du Nazaréen si les tendances actuelles ne sont pas inversées. Si les nazaréens croient toujours qu'ils sont appelés à exercer dans les « quartiers défavorisés des villes », comme déclaré dans le procès-verbal de l'église locale de L.A. en 1895, et si les prévisions et projections du recensement sont correctes concernant la résurgence imminente de la vie urbaine dans un avenir proche, alors l'Église du Nazaréen peut se positionner pour profiter d'une opportunité significative pour la mission en réclamant la mission des membres fondateurs de l'engagement dans et avec la ville.

Les villes sont des centres de diversité culturelle. Les villes sont le moteur des économies régionales et mondiales. Les villes façonnent la société sur les plans éducatif, artistique et technologique. Si la mondialisation signifie « que les valeurs et les paradigmes culturels d'une nation ont désormais la capacité d'infiltrer et d'affecter l'ensemble de la communauté mondiale », alors les villes en sont le cadre.[13] Les villes demeurent cependant un défi pour beaucoup d'églises, parce qu'elles sont chères, complexes et sécularisées. Pour ces raisons et d'autres encore, la majorité des grandes villes du monde sont aujourd'hui très peu évangélisées.

Les œuvres nazaréennes les plus significatives qui demeurent dans le contexte urbain se concentrent principalement sur le ministère de la compassion et les assemblées ethniques. Bien que ces domaines restent importants pour ceux qui appartiennent à la tradition wesleyenne de la sainteté, d'autres approches méthodologiques importantes sont nécessaires pour aborder les complexités supplémentaires des centres urbains. Le monde urbain ne se limite plus à ceux qui vivent dans les limites de la ville. C'est un environnement qui nous affecte tous, quelle que soit notre adresse.

PREMIÈRE PARTIE
CONTEXTE

Dans la première partie, nous explorerons le contexte et l'histoire du travail effectué par l'Église du Nazaréen dans la ville, y compris les premiers axes de la mission de la dénomination ainsi que le changement qui a amené les assemblées nazaréennes hors de la ville et dans les banlieues.

1
LA GENÈSE DE LA VILLE

« Ni l'origine ni l'histoire ultérieure de l'Église du Nazaréen ne peuvent être comprises sans une connaissance des deux traditions de sainteté, urbaine et rurale. Les équilibrer l'une par rapport à l'autre a été la tâche de l'Église du Nazaréen depuis l'union à Pilot Point en 1908. »

—Timothy L. Smith

Le christianisme primitif dans les villes gréco-romaines de l'Empire romain était principalement un mouvement urbain qui a présenté des hommes et des femmes, riches et pauvres, esclaves et libres, à Jésus-Christ. Pendant les cent premières années, l'impact du christianisme dans les zones rurales a été minime comparé à celui des villes. Dans Cities of God, Rodney Stark démontre, à l'aide de données scientifiques et d'analyses statistiques, que l'essor et la propagation du christianisme ont été un phénomène urbain, accompli par des chrétiens ordinaires vivant leur foi dans des communautés chrétiennes. Il observe que « le sens premier du mot 'païen' (paganus) était 'personne rurale' ou, plus familièrement, 'plouc'. Il en est venu à avoir une signification religieuse parce qu'après le triomphe du christianisme dans les villes, la plupart des ruraux sont restés non convertis. »[14]

La raison de l'accent mis sur l'aspect urbain était stratégique. L'apôtre Paul était un citadin dont la stratégie ministérielle, selon Stark, était entièrement axée sur l'implantation d'églises urbaines. Il n'existe aucune trace biblique ou extrabiblique de Paul prêchant ou enseignant en dehors d'une ville. « Le christianisme paulinien était entièrement urbain. À cet égard, elle se trouvait à l'avant-garde du mouvement chrétien, car c'est dans les villes de l'Empire romain que le christianisme, bien que né dans le village de Palestine, a connu ses plus grands succès jusqu'à bien après Constantin. »[15] Si la contribution de missionnaires comme Paul a été vitale pour la croissance des premières communautés chrétiennes, Stark suggère que les conversions se sont produites le plus souvent et le plus rapidement grâce aux réseaux sociaux et aux relations étroites des chrétiens urbains ordinaires.

Les objectifs d'une telle concentration dans les villes étaient évidents. Les villes étaient plus densément peuplées que les zones rurales. Ramsay MacMullen estime que la densité moyenne de population dans les villes de l'Empire romain pouvait approcher les 200 habitants par acre, un équivalent des villes occidentales modernes que l'on ne trouve que dans les bidonvilles industriels.[16] Les villes étaient des lieux où résidait le pouvoir politique et culturel et, du fait qu'elles étaient le plus souvent la première destination des immigrants en quête d'un nouveau départ, les villes étaient également cosmopolites. Ce facteur a fait que les villes étaient plus flexibles que les hameaux de campagne, plus ouvertes au changement. Les villes du premier siècle étaient reliées entre elles par les voies et les routes commerciales romaines, et sont devenues les moteurs économiques grâce auxquels les gens pouvaient acheter, vendre et faire du commerce. L'urbanisation est devenue plus qu'un choix de lieu de vie, c'était un moyen de survivre. En réalité, « l'urbanisation est devenue le moyen de l'hellénisation ».[17]

Dans les vingt ans qui ont suivi la crucifixion et la résurrection de Jésus, le christianisme s'est transformé, passant d'une foi relativement petite et exclusive dans la Galilée rurale à un mouvement missionnaire urbain atteignant les centres culturels les plus grands et les plus influents de l'Empire romain. La mission des premiers chrétiens a été conçue du début à la fin comme une stratégie urbaine.[18] On pourrait dire que la foi chrétienne a fini par attirer l'attention de l'ensemble de la société précisément *parce qu'*elle s'est emparée du cœur des villes.

Dans le cadre d'une recherche historique plus poussée sur l'église primitive, Rodney Stark propose un argument profond en vue du succès du christianisme dans les zones urbaines : « Aux villes remplies de sans-abris et de personnes démunies, le christianisme offrait la charité ainsi que l'espoir. Aux villes remplies de nouveaux arrivants et d'étrangers, le christianisme a offert une base immédiate pour de connexions sociales. Aux villes remplies de veuves et d'orphelins, le christianisme a apporté un sens nouveau et élargi de la famille. Aux villes déchirées par de violents conflits ethniques, le christianisme a offert une nouvelle base de solidarité sociale... [Car ce que les chrétiens ont apporté n'était pas simplement un mouvement urbain, mais *une nouvelle culture.* »[19]

Ce ne sont pas les seuls facteurs spirituels à l'œuvre au premier siècle qui expliquent l'impact du premier mouvement chrétien. Il n'en reste pas moins que toute église ayant pour objectif de faire des disciples à l'image du Christ dans les nations doit se rendre là où se trouvent le plus de personnes susceptibles de se convertir. Cette mission n'est pas une licence pour négliger les populations suburbaines, extra-urbaines, rurales ou autres, car toutes ont besoin du Christ. Néanmoins, il est nécessaire de souligner, et l'histoire le confirme, que « tout mouvement missionnaire ambitieux est, ou devient très vite, urbain. »[20] Alors que Stark conclut que le christianisme, à ses débuts, s'est répandu avec succès surtout dans les villes, avant de passer aux régions rurales, la grande majorité de l'œuvre nazaréenne aujourd'hui est en contexte rural ou suburbain. Pourtant, ce n'est pas de cette façon que l'Église du Nazaréen a commencé : elle a commencé dans la ville.

Phineas Bresee et les premiers Nazaréens

L'Église du Nazaréen est née en tant que progéniture du réveil wesleyen du 18e Siècle et du mouvement américain de la sainteté du 19e Siècle. Dans ces divers courants d'enseignement et de pratique de la sainteté, l'amour parfait et la souffrance humaine étaient inextricablement liés. La sainteté poussait à démontrer de la compassion et était également le remède à la misère de l'homme.

Ainsi, les personnes qui pratiquent la sainteté étaient inexorablement attirées par les pauvres des villes. Insatisfaits des dissensions internes, des hiérarchies ecclésiastiques trop contrôlantes et des controverses sur les différences doctrinales, les dirigeants et les laïcs de la sainteté ont tourné leur attention et leur énergie vers ceux qu'ils considéraient comme délaissés au mieux, et oubliés au pire. Faisant fi des frontières ecclésiales, les assemblées urbaines issues de multiples horizons théologiques ont travaillé ensemble pour « précipiter une Pentecôte nationale qui, espéraient-ils, baptiserait l'Amérique dans le Saint-Esprit et détruirait d'une manière mystique les maux de l'esclavage, de la pauvreté et de la cupidité. »[21] Poussés par l'eschatologie post-millénaire, les rêves utopiques d'un siècle chrétien et une vision nationale de la « christianisation du christianisme » semblaient à la portée des églises de la sainteté.[22]

Ces courants parallèles d'églises qui pratiquent la sainteté ont convergé, à la fin du 19e siècle, pour former la National Camp Meeting Association for the

Promotion of Holiness (L'association nationale des réunions de camp pour la promotion de la sainteté). Le mélange de la théologie wesleyenne-arminienne, de la politique méthodiste et du revivalisme évangélique provenant de diverses traditions confessionnelles a donné lieu à une curieuse concoction de wesleyanisme de type réunion de camp. En raison de ce mélange inhabituel, vingt ans seulement avant la création officielle de l'Église du Nazaréen, plusieurs groupes distincts se sont formés. Timothy Smith commente la composition de ces groupes dissemblables : « L'un d'entre eux, en grande partie rural, s'appesantissait beaucoup sur le plan émotionnel, mettait l'accent sur des normes rigides de tenue et de comportement, et méprisait souvent la discipline ecclésiastique. L'autre avait un caractère urbain, intellectuel, et un peu moins zélé quant aux normes extérieures de sainteté. »[23] L'observation de Smith ne peut être sous-estimée.

Lorsque les fondateurs de l'Église du Nazaréen ont fusionné trois dénominations distinctes en une seule, chaque groupe provenait d'une région géographique différente des États-Unis. L'Association of Pentecostal Churches of America venait de l'Est, la Holiness Church of Christ venait du Sud et du Sud-Ouest, et l'Église du Nazaréen venait de l'Ouest.[24] Alors que chaque dénomination partageait des intérêts communs pour la vie sanctifiée et l'évangélisation de la sainteté, leurs autres points d'intérêt étaient remarquablement variés. « Les Nazaréens de la côte Est travaillaient parmi les groupes d'immigrants, plus particulièrement les Capverdiens. Les Nazaréens de la côte ouest ont tendu la main aux pauvres du centre-ville, aux immigrants japonais dans les orangeraies, aux Mexicains autochtones et immigrés, et aux Chinois-Américains. »[25] L'un d'eux mettait l'accent sur les sacrements et l'éducation. Un autre mettait l'accent sur un culte enthousiaste et l'évitement de la mondanité. Un autre encore était axé sur le travail social et le désir de construire un centre de feu sacré qui évangéliserait les villes de la nation.[26] En fin de compte, les premiers Nazaréens tentaient de tisser ensemble trois perspectives idéologiques distinctes.

Parce que ces premières différences étaient évidentes, les historiens nazaréens documentent les modifications dans l'orientation missionnaire qui ont eu lieu à travers les générations au cours du dernier millénaire, et les relient particulièrement au changement social.

La première génération, celle qui avait défendu avec acharnement la sainteté à la fin du XIXe siècle, considérait le Christ, pour reprendre la classification de H. Richard Niebuhr, comme le Transformateur de la culture. *L'orientation de la première génération était urbaine.* Les principaux centres initiaux de l'Église qui devint nazaréenne se trouvaient dans des villes telles que Brooklyn, Los Angeles, Nashville et Glasgow. Les dirigeants, dont Bresee, Reynolds, A. M. Hills, B. F. Haynes, John T. Benson et George Sharpe, étaient issus de dénominations[27] établies et possédaient un sens de l'éthique de la garde de la culture. Leur préoccupation pour la société était profonde. Ils ont construit des missions de sauvetage et des foyers pour les mères célibataires et ont fait avancer le mouvement de tempérance.[28]

« La deuxième génération de Nazaréens, en revanche, était d'orientation *rurale.* »[29] Des dirigeants éminents de cette période, tels que R. T. Williams et J. B. Chapman, ont eu un lien précoce avec Bresee, mais ont été élevés dans des cadres ecclésiastiques qui étaient définis par l'éthos rural du revivalisme et des réunions de camp. Leur perspective correspondait à la classification de Niebuhr du Christ contre la culture, conduisant à une vague de Nazaréens se retirant de la culture dominante.

Suivant le chemin de beaucoup de gens dans l'Amérique de l'après-guerre, la troisième génération de Nazaréens a commencé à s'installer dans les banlieues nouvellement créées à la périphérie des centre-villes en déclin.[30] Nous reviendrons sur l'impact de l'essor des banlieues sur l'engagement de l'Église du Nazaréen dans les zones urbaines, mais l'inspiration sous-jacente des banlieues provient des « idéaux victoriens de pureté domestique. »[31] et comme une échappatoire aux pièges moraux de la vie urbaine en déclin. Les historiens nazaréens ont identifié cette époque dans l'Église du Nazaréen comme correspondant à la classification de Niebuhr du Christ « *de* la culture. »[32]

Articuler l'histoire de l'Église du Nazaréen à la lumière des classifications de Niebuhr sur la manière dont les corps ecclésiastiques font face au changement culturel est utile pour comprendre la dénomination, parce que cela souligne l'accent missionnaire du flux centripète ou centrifuge dans chaque génération.[33] Un modèle de transformation de la culture par le Christ, la vision primaire du monde des nazaréens de la première génération, met l'accent sur l'action pratique pour réformer la société et l'épanouissement humain. Un modèle de Christ contre la culture, la vision primaire du monde des Nazaréens de la deuxième génération, voit la culture de façon plus négative et tend à mettre l'accent sur le retrait de la société, même au point de créer des enclaves contre-culturelles. Un modèle de Christ *dans* la culture, la vision primaire du monde des Nazaréens de la troisième génération, tente de maintenir les deux approches précédentes en équilibre, mais commence à se diriger vers une accommodation de la religion civile. Bien que Niebuhr n'ait pas classé un groupe exclusivement dans un modèle, les distinctions sont révélatrices. La vision du monde détermine la vision ; la vision détermine la mission ; la mission détermine la stratégie.

Le passage du modèle Christ transformateur au modèle Christ contre la culture a représenté un changement majeur d'orientation. Les premiers Nazaréens ont concentré leur évangélisation de la sainteté et leurs ministères de compassion dans des zones urbaines telles que Boston, Los Angeles, Chicago et Nashville. Le premier travail missionnaire international en Inde et au Japon était centré sur des villes telles que Calcutta (aujourd'hui Kolkata) et Tokyo. À l'inverse, la deuxième génération de dirigeants avait des racines méridionales et était plus proche des techniques revivalistes, telles que les tentes transportables avec des sols en sciure dans les petites villes rurales. Bien que les différences n'aient pas trait au bien ni au mal, la différence dans la stratégie missionnaire était spectaculaire. Au cours de cette période, « l'église a déplacé son attention de Tokyo à Kyoto et de Calcutta à Buldana, et, en Amérique, des villes à la ceinture agricole du Midwest. »[34]

Ce changement constituait un écart important par rapport à la vision des premiers Nazaréens, en particulier ceux du Nord-Est et de l'Ouest des États-Unis. À l'aube du 20e Siècle, les villes se développaient rapidement, entraînant avec elles les aspects associés aux environnements urbains compacts : surpopulation, chômage, pollution, pauvreté, corruption et criminalité.[35] Alors que de nombreuses assemblées urbaines fuyaient les villes, les associations de la sainteté voyaient dans ces conditions urbaines difficiles une porte ouverte pour atteindre avec l'Évangile des personnes désespérées, brisées et – dans de nombreux cas – spirituellement ouvertes.

Bresee pensait que les conditions étaient réunies pour un amour parfait et un ministère à la manière du Christ envers les classes sociales les plus démunies. Sa déception à l'égard de l'Église méthodiste épiscopale, pour ce qu'il croyait être un mépris des pauvres et des personnes privées de leurs droits, l'a poussé à faire l'impensable : demander un transfert loin d'une affectation prestigieuse pour travailler avec une mission de sauvetage dans le centre-ville de Los Angeles. Ce serait un chemin sans retour pour Bresee. Même si sa première incursion dans les complexités et les injustices de la ville s'est avérée difficile, Bresee a puisé dans sa passion donnée par Dieu et son appel divin, un engagement missionnaire d'évangélisation de la sainteté auprès des masses laborieuses du monde.[36]

Breese n'avait pas l'intention de fonder une église, mais lorsque lui et ses disciples se sont officiellement organisés le 20 octobre 1895, ils ont découvert leur but providentiel. « Ils ont professé un sens précis de l'appel divin. Ils avaient l'intention d'être une église, et non une mission ou une association. Ils étaient attachés à la doctrine de la sanctification totale comme seconde œuvre définie de la grâce divine. Et, enfin, ils croyaient avoir une mission spéciale auprès des pauvres des villes. »[37]

Ils s'appelaient l'Église du Nazaréen, associée par son nom et son affiliation au ministère de Jésus auprès des parias, des marginaux, des oubliés et des déplacés du monde. Bresee et ces premiers Nazaréens étaient « convaincus que l'appel spécial de l'Église du Nazaréen était d'abord d'implanter des 'centres de flamme sacrée' dans les grandes villes d'Amérique. »[38] L'expression « centres de flamme sacrée » dénote un appel en particulier au cœur des villes et « partout où l'on peut trouver des lieux désaffectés et des âmes en quête de pardon et de purification du péché ».[39]

Mais tout cela a commencé à changer, et rapidement. Ce changement est le sujet du prochain chapitre.

Une église pour la ville :
La première église nazaréenne de Los Angeles

L'église qui a commencé en 1895 dans la grange Glory de Los Angeles est toujours florissante aujourd'hui. Elle poursuit la vision et l'héritage de Phineas F. Bresee. En 1960, l'assemblée, alors majoritairement blanche, s'est déplacée dans un quartier prospère de la ville, à huit kilomètres du centre-ville. Mais en 1980, le quartier avait commencé à changer radicalement ; alors les dirigeants de l'église ont décidé de rester et d'évoluer *avec* le quartier. En 1992, la deuxième poudrière des émeutes de L.A. s'est encensée à deux pâtés de maisons de l'église, et la majorité des entreprises et des propriétaires ont quitté le quartier. Lorsque l'église est quand même restée, elle a signalé à la communauté restante que l'assemblée et ses pasteurs voulaient vraiment travailler pour le bien-être du quartier.

Le révérend Michael Mata a fait partie de l'équipe pastorale de 1980 à 1997 et, après s'être consacré pendant vingt ans à l'enseignement du ministère urbain, il occupe à présent le poste de pasteur associé pour l'engagement communautaire. En fait, l'actuel pasteur principal de la congrégation anglophone, le révérend Josue Tiguila, était un étudiant du groupe de jeunes de Mata. Mata a été témoin d'énormes changements dans le quartier au cours des quarante dernières années, puisque la population majoritaire est constituée d'immigrants latinos[40], principalement d'Amérique centrale, avec des résidents et des propriétaires d'entreprises coréens-américains et, maintenant, une communauté bangladaise établie.

Comprenant cinq assemblées linguistiques/culturelles différentes, L.A. First reflète la diversité de son environnement. Ses assemblées sont anglophones, hispanophones, philippines, coréennes (la plupart des membres sont nés en Corée, mais ont grandi aux États-Unis) et la seule assemblée nord-coréenne des États-Unis. Ensemble, ces assemblées ont actuellement une fréquentation hebdomadaire moyenne de 350 personnes, mais plus de mille personnes franchissent les portes de l'église chaque semaine pour bénéficier des services des bénévoles de l'assemblée et des partenaires collaborateurs qui offrent des repas, des soins infirmiers et des programmes de développement de la jeunesse. Dans le cadre de son engagement à être responsable du bien-être de sa communauté, Mata fait partie du groupe de travail interconfessionnel du maire, qui traite des questions de logement, de développement de l'emploi, d'immigration et de changement climatique.

En jetant un regard rétrospectif sur ces quatre dernières décennies, Mata reconnaît que l'engagement de l'église envers des valeurs communes est ce qui l'a guidée à avoir une présence constante dans une communauté en mutation. « Nous devons être centrés sur la marginalité », a-t-il déclaré. « Nous devons nous concentrer sur le bien-être des personnes à la périphérie ; il ne s'agit pas d'un voyage vers le haut. » Grâce à cette perspective, les pasteurs et la congrégation sont en mesure de veiller au bien-être des voisins de l'église, quel que soit le lieu de résidence des fidèles. Mais, dans ce quartier très peuplé de la ville, la plupart des fidèles sont des voisins, et les voisins deviennent souvent des fidèles.

Réflexion ou discussion

1. Y a-t-il une partie de l'histoire des origines nazaréennes qui est nouvelle ou surprenante pour vous ? Si oui, laquelle, et pourquoi ?
2. Supposez que certains des fondateurs de l'Église du Nazaréen s'installent dans votre ville à l'heure actuelle. Dans quel quartier pensez-vous qu'ils vont implanter l'église ? Quels sont les problèmes cruciaux que connaît votre ville, et sur lesquels pensez-vous qu'ils vont se pencher ?
3. H. Richard Niebuhr a proposé trois modèles pour comprendre l'intersection entre l'église et la culture : le Christ transformant la culture, le Christ contre la culture et le Christ dans la culture. Quel regard portez-vous sur chacun de ces modèles de pensée et d'action dans votre église et/ou ville ?

Pratique en ville :
Connaître votre histoire

Savez-vous comment et à quel moment votre dénomination a été implantée dans votre ville, ou dans la ville la plus proche de chez vous ? Si non, faites un travail d'exploration et de découverte pour en connaître l'histoire. Les bureaux centraux de votre dénomination devraient disposer de statistiques et autres informations ; vous pouvez également interroger les anciens paroissiens et les membres du clergé retraités de votre région. Qui est le pionnier de votre dénomination dans votre ville, quand et pourquoi ? Comment s'est-elle développée et/ou transformée depuis lors ? Si personne d'autre ne l'a fait, rédigez le récit de l'histoire de la dénomination dans votre région. Réfléchissez à la manière dont votre église actuelle et/ou vos projets futurs sont liés à cette histoire, qu'il s'agisse de construire sur les fondations existantes ou de corriger les erreurs du passé.

2
LE GRAND RETOURNEMENT

Malgré la vocation urbaine spécifique qui paraît évidente dans ses premiers jours, l'Église du Nazaréen, dans l'ensemble, n'est pas restée dans les villes de l'Amérique. Les facteurs qui ont conduit l'Église du Nazaréen à s'écarter d'un engagement antérieur distinctif aux ministères sociaux dans le contexte urbain sont variés, mais reliés entre eux. Ces facteurs peuvent être abordés par un mouvement sociologique appelé le Grand Retournement. Ce terme, inventé par Timothy Smith, fait référence au changement radical opéré par les évangéliques au début du vingtième siècle, passant d'une préoccupation sociale évangéliste à une concentration altérée sur l'évangélisme individualiste et la théologie fondamentaliste.[41] L'ancienne préoccupation sociale évangéliste s'intéressait à l'évangélisation personnelle, mais soutenait que la transformation personnelle accompagnait la transformation sociale. Cette conviction fermement ancrée a conduit à la création d'orphelinats, de foyers pour mères célibataires, de missions de sauvetage en ville, d'écoles pour les immigrants, et à l'action de l'Église pour soutenir la législation gouvernementale visant à apporter des changements sociaux. Cependant, le Grand Retournement a apporté une modification significative : l'évangile social s'est allié à la théologie libérale.

Revivalisme et réforme sociale de Timothy Smith « fut l'une des thèses les plus explosives de l'histoire de la société américaine d'histoire de l'Église. » Elle était subversive, « parce qu'en 1958, il était encore acquis que si un évangélique parlait du royaume, c'était un libéral, un moderniste qui ne croyait pas à la Bible, et qui s'était fait avoir par la critique supérieure allemande. »[42] Cet état d'esprit a tellement dominé l'esprit évangélique américain qu'une dichotomie s'est formée entre deux types de christianisme : celui qui sauve les âmes pour le paradis et celui qui s'efforce de changer les structures sociales terrestres.

Dans son livre fondateur sur le Grand Retournement, David Moberg a soutenu qu'avec le débat moderniste-fondamentaliste, les grands prédicateurs du réveil sont devenus des gagneurs d'âmes, prêchant que la véritable réforme sociale doit commencer par l'individu, plutôt que par la société.[43] Comme l'aile libérale de l'église a abandonné la responsabilité de prêcher l'Évangile, l'aile évangélique a ressenti une plus grande pression pour combler le vide. En outre, lorsque l'individualisme a continué à s'imposer comme une éthique motrice dans la pensée américaine, il était plus facile d'allier chrétien et américain. La politique conservatrice s'est mêlée à la religion conservatrice. Plutôt que de considérer la pauvreté comme un problème systémique qui doit être résolu, les objectifs de prospérité et de réussite sont devenus le droit inaliénable de chaque personne.

Soong-Chan Rah note : « Il fut un temps où les évangéliques avaient une position équilibrée qui accordait une attention appropriée à la fois à l'évangélisation et à la préoccupation sociale, mais un grand retournement au début de ce [20e] siècle a conduit à mettre l'accent sur l'évangélisation et à omettre la plupart des aspects de l'engagement social ».[44] Les travaux de Moberg et Smith ont réitéré qu'il ne peut y avoir d'évangile social sans évangélisation, parce que l'aide sociale n'élimine pas les vides personnels ou spirituels. De même, l'évangélisation personnelle qui ne s'attaque pas également aux systèmes sociaux injustes et discriminatoires ne parvient pas à traiter les péchés systémiques de la société. L'évangélisation et la préoccupation sociale vont de pair. Ce principe est vrai pour la foi chrétienne en général, et pour les racines wesleyennes en particulier.

Ces tensions culturelles étaient fortement ressenties chez les nazaréens. Alors que la controverse moderniste-fondamentaliste faisait rage, les chrétiens conservateurs, y compris de nombreux méthodistes, se sentaient privés de leurs droits par ce qu'ils percevaient comme la libéralisation de leurs dénominations principales. Un certain nombre d'entre eux ont migré vers l'Église du Nazaréen, apportant avec eux des positions théologiques plus réformées et des penchants fondamentalistes. La peur est devenue la principale raison de se dissocier d'une culture en mutation rapide. Il y avait des dangers culturels perçus et réels à affronter : Le communisme, le darwinisme, le modernisme et l'athéisme, pour n'en citer que quelques-uns. Ils avaient l'impression que le monde plus sûr qu'ils avaient connu se désintégrait sous leurs yeux. Même l'autorité et le caractère vrai de la Bible étaient remis en question dans les établissements d'enseignement par des idéologies nouvelles comme la critique supérieure. Les villes étaient perçues comme des aimants puissants pour ces menaces à la vie de foi.

Ces craintes s'accompagnaient d'autres aspects de la théologie fondamentaliste, notamment d'une eschatologie changeante. Le prémillénisme a remplacé la théologie postmillénariste. La majorité des premiers dirigeants nazaréens étaient post-millénaristes dans leur pensée. Cette vision plus optimiste de la *parousie*, la croyance chrétienne en la seconde venue du Christ, soutenait que l'avènement du royaume de Dieu rendrait le monde meilleur, et ajoutait un sentiment d'urgence à travailler pour le changement sociétal afin de préparer la voie au retour du Christ. En revanche, la pensée prémillénariste soutenait que la société continuerait à se détériorer et que le Christ ne reviendrait que lorsque la société aurait atteint son point le plus bas. Pour les prémillénaristes, les villes représentent tout ce qui ne va pas dans le monde. Le vice, le péché et l'obscurité des villes apparaissaient complexes et dangereux. Les centres urbains étaient perçus comme politiquement libéraux, théologiquement à la dérive et sauvagement périlleux. « Ces méthodistes ruraux se sentaient étrangers à la culture urbaine. Leur piété et leur pessimisme l'emportaient sur les préoccupations sociales. La peur colore toute la sphère du changement sociologique. De nombreux adeptes de la sainteté, comme d'autres Américains, se sont laissé prendre à l'idée qu'il existait un complot contre les principes fondamentaux et la morale du christianisme. »[45]

À l'inverse, la campagne semblait conservatrice et sûre. En réponse à ces menaces réelles et perçues pour le tissu moral de leur pays,[46] les Nazaréens se sont sentis obligés de faire un choix. Stan Ingersol observe que le protestantisme américain a été effectivement polarisé en deux camps différents.[47] Les dénominations étaient appelées à voter, voire à tirer au sort. Dans l'environnement périlleux de l'ouragan culturel, le choix a été jugé facile. En 1928, lors de la septième assemblée générale de l'Église du Nazaréen, le surintendant général R. T. Williams s'est exprimé de manière claire et catégorique : « Tout d'abord, nous notons avec plaisir qu'il n'y a pas de différences ou de divisions parmi nous. Nous sommes une dénomination parfaitement unie. Lors de cette Assemblée générale, il n'y aura pas de discussions sur le modernisme ou le fondamentalisme. Nous sommes *tous* des fondamentalistes…. Chaque homme dans ce corps est un fondamentaliste…. Un moderniste se sentirait bien seul dans cette Assemblée générale. »[48]

Alors que Williams croyait sans aucun doute que les principes fondamentaux étaient l'autorité de l'Écriture, la divinité du Christ et le caractère immuable de

Dieu, les dés étaient jetés. Un choix intentionnel – ou peut-être involontaire – avait été fait qui a mis en mouvement ce que l'historien nazaréen Paul Bassett a caractérisé comme « le levain fondamentaliste du mouvement de la sainteté. »[49] Les conséquences involontaires de cette décision ont créé un nouvel agenda confessionnel. La conversation théologique pour les Nazaréens avait changé.[50] Les premiers dirigeants sont partis et, avec eux, une préoccupation constante pour le sort des pauvres des villes. La moralité nationale faiblissait, et la peur de perdre les enfants de la sainteté était féroce. L'accommodation frisait le compromis. « Une telle situation a inévitablement accentué l'isolement des Nazaréens et leur a appris à désespérer de faire un jour des villes d'Amérique un jardin du Seigneur. »[51] Il était temps de se séparer des habitudes du monde et des influences impies. Lorsque la séparation fut complète, les villes d'Amérique furent laissées derrière.

Si l'Église du Nazaréen a quitté les villes en grande partie par peur de ce qu'elles représentaient, et en réaction à l'accent déficient mis sur l'évangélisation par le Social Gospel, il y avait aussi l'influence croissante des dirigeants de l'Église du Sud. Dans son aperçu historique de l'église évangélique dans la ville américaine, Harvie Conn observe que, l'urbanisation s'étant produite beaucoup plus tard dans le Sud, son impact s'est d'abord fait ressentir sur une mentalité rurale et frontalière. Alors que les institutions religieuses du Sud ont amplement influencé les idées et les mœurs culturelles, « contrairement au Nord, le revivalisme sudiste a eu peu d'impact sur la réforme sociale. » En raison de la prévalence de l'esclavage dans le Sud, la moralité était limitée à des domaines plus privatisés des vertus de la classe moyenne rurale comme « la retenue, l'autodiscipline et l'encouragement des responsabilités familiales et civiques. »[52] Cette réalité a été profondément ressentie dans l'Église du Nazaréen. De plus, lorsque la première génération de dirigeants nazaréens a quitté la scène, la génération suivante a nourri des passions différentes. R. T. Williams et J. B. Chapman, les deux derniers surintendants généraux ayant des liens directs avec Bresee et Pilot Point, Texas, étaient issus de l'aile Sud de l'église. Avant de devenir surintendant général, Chapman était rédacteur en chef du périodique confessionnel *Herald of Holiness* (aujourd'hui appelé *Holiness Today*). Estimant que la controverse moderniste-fondamentaliste était importante pour l'intégrité de l'Église du Nazaréen, et dans un effort visant à tendre une main accueillante aux fondamentalistes en détresse à la recherche d'un nouveau foyer ecclésiastique, Chapman révéla son parti pris dans un éditorial de 1924 : « L'unité était impossible entre des hommes qui croyaient 'en . . . *un programme de services sociaux et éducatifs . . . et un programme d'évangélisation pentecôtiste à visée mondiale*.' Les libéraux pouvaient tolérer les fondamentalistes, mais ces derniers ne pouvaient *jamais répondre aux doctrines et aux efforts du réformateur social*. »[53]

Un autre leader nazaréen populaire, Reuben Robinson, apparut à cette époque et fut affectueusement appelé « Uncle Buddie ». Né dans une cabane en rondins dans les Smoky Mountains, Robinson finit par s'installer au Texas pour devenir métayer et ouvrier agricole. Il fut radicalement sauvé au cours d'une réunion de camp de sciure de bois, et – malgré ses difficultés physiques et son manque d'éducation – devint l'un des évangélistes les plus recherchés et les plus efficaces de l'histoire de l'Église du Nazaréen. Williams, Chapman et Robinson étaient largement respectés et avaient une influence inestimable au sein de la dénomination, mais leur orientation était plus agraire et rurale que cosmopolite et urbaine.

Les changements opérés au sein de l'Église du Nazaréen après la Seconde Guerre Mondiale

Un autre changement dans la dénomination s'est produit après la Seconde Guerre Mondiale. Avec une économie florissante et l'introduction du mode de vie des commutateurs, de nombreux Nazaréens ont quitté les zones urbaines pour s'installer dans des banlieues en expansion, les éloignant encore plus de la culture urbaine, en particulier dans le sens d'une interaction régulière avec les marginaux de la société.

Avec ce détachement est venue la formalisation des ministères de compassion comme un bras programmatique de l'Église : « La quatrième génération [de Nazaréens] a été témoin d'une expansion rapide de l'Église sur ses frontières internationales. À la fin de cette ère, l'Église du Nazaréen était plus nombreuse en dehors de l'Amérique du Nord qu'à l'intérieur. Cette époque a vu l'accent mis sur les ministères de compassion. Les Nazaréens tenaient le Christ et la culture en paradoxe, à l'aise aussi bien dans l'Église que dans le monde, sans toujours reconnaître ou résoudre les tensions que cela impliquait. Au cours de la quatrième génération, la paroisse nazaréenne est effectivement devenue le monde. »[54] Les ministères de la compassion ressemblaient de moins en moins au ministère auprès des pauvres des villes aux États-Unis et de plus en plus à la construction et au financement d'hôpitaux et d'écoles au niveau international. On pourrait dire qu'il s'agit simplement d'une évolution naturelle de la compassion, mais quelque chose a changé. Lorsque l'Église du Nazaréen a élargi ses horizons à une paroisse mondiale, il est devenu plus facile de négliger la paroisse de quartier.

Lors de l'Assemblée générale de l'Église du Nazaréen organisée en 1948, le surintendant général H. V. Miller a encouragé la jeune dénomination à concentrer ses stratégies d'implantation d'églises de district sur les zones rurales.

> Au cours des années de formation de notre dénomination, nous avons sagement essayé d'établir notre travail dans les centres de population. L'heure est à présent à relever le défi de la nécessité de faire des plans aussi pour les zones rurales. Nous devrions délibérément prévoir des districts pour évangéliser les zones rurales lorsque l'occasion se présente. Sommes-nous pleinement conscients que cinquante pour cent de notre population est rurale ? Il est fort probable qu'une législation soit nécessaire pour encourager les districts à mettre en place des circuits lorsque ces derniers répondent aux besoins d'une zone donnée.[55]

La législation fut adoptée, mettant formellement en mouvement ce qui constituait déjà la trajectoire de la dénomination. L'Église du Nazaréen allait devenir une église rurale et suburbaine. Cela semblait être une étape logique, basée sur le déclin de l'intérêt pour les zones urbaines, mais cela s'est avéré être une prophétie auto-réalisatrice pour la dénomination.

L'enquête sociologique et générationnelle de l'Église du Nazaréen explique les flux et reflux du ministère urbain au cours du siècle dernier. Cependant, le mouvement de l'urbain vers le rural, puis de la banlieue vers le monde, reflète non seulement les processus contextuels et les intérêts des dirigeants de chaque génération, mais aussi les marées changeantes de l'évangélisme plus largement. L'Église du Nazaréen a été largement emportée par le courant principal de l'adaptation sociologique au cours des décennies, en commençant par les États-Unis et en s'étendant à la scène internationale.

Vers les banlieues dans l'Église

Les changements sociétaux ont grandement influencé la stratégie urbaine évangélique, la démographie étant un facteur majeur. Les recherches indiquent que les protestants ont commencé à quitter les zones urbaines dès 1850, de nombreuses assemblées changeant de lieu de résidence toutes les quelques décennies.[56] Les programmes gouvernementaux qui rendaient l'achat de maisons plus accessible aux populations blanches et facilitaient le développement des infrastructures municipales ont encouragé l'éloignement des Blancs des centres urbains. De plus, à mesure que les dénominations ont commencé à s'éloigner des villes, leurs églises ont commencé à atteindre un autre type de membres socio-économiques : moins de cols-bleus et plus de classes moyennes. Cette trajectoire de mobilité ascendante et la relocalisation des assemblées dans des zones plus suburbaines ont eu un double effet : (1) se rapprocher des membres de la classe moyenne principalement blancs et de la culture suburbaine, et (2) s'éloigner des membres de la classe inférieure principalement non blancs qui n'avait pas les moyens de déménager.

Lorsque les gens vivaient ensemble dans les villes, les pauvres et les riches étaient voisins. Ils faisaient leurs courses dans les mêmes magasins, et leurs enfants fréquentaient les mêmes écoles. Une fois que les Blancs ont déménagé dans les banlieues, il est devenu plus facile de stigmatiser ceux qui restaient dans les villes.[57] Gibson Winter, ancien professeur de la Divinity School de l'Université de Chicago et défenseur de la justice sociale, a vécu ce qu'il a décrit dans son livre provocateur de 1961 comme « l'exode des protestants des centre-villes."[58] Dans cet ouvrage, *The Suburban Captivity of the Churches*, Winter observe : « Il s'agissait de mouvements presque inévitables pour les institutions religieuses dont le principe d'organisation est la congrégation volontaire ; ces églises se déplacent lorsque les membres [les plus impliqués] quittent la région. »[59] Que ce soit voulu ou non, ces relocalisations ont été perçues par beaucoup comme un abandon des pauvres des villes et, ce faisant, comme un renoncement à la vocation de la mission urbaine de l'Église.

Les Nazaréens n'ont pas échappé à la « captivité suburbaine des églises ». Entre 1950 et 1970, plusieurs églises nazaréennes importantes ont quitté le centre-ville pour s'installer dans des zones plus suburbaines, notamment la première église de Los Angeles et la première église de Chicago.[60] Le missiologue urbain Tom

Nees indique que la plupart des églises nazaréennes ont commencé comme des congrégations basées sur le voisinage, mais sont rapidement devenues des congrégations basées sur la famille, diminuant progressivement leur engagement dans les besoins et les opportunités du voisinage.[61] Cela signifie que lorsque les familles ont déménagé, les églises ont déménagé avec elles. Les indicateurs qu'une église en expansion utilisait pour mesurer l'impact et la croissance ne correspondaient plus aux modèles nécessaires pour être efficace dans l'environnement urbain.[62]

Si certains de ces changements étaient fondés sur des différences de classe, les relocalisations étaient également motivées par des raisons raciales. Après un siècle d'esclavage en Amérique et les salaires les plus bas possibles pour les métayers et autres emplois pénibles, les Noirs américains sont devenus une force de travail inutile dans l'économie du Sud. La machine à récolter le coton est devenue fonctionnelle au milieu des années 1940, remplaçant immédiatement quarante travailleurs des champs. À la fin de la Seconde Guerre Mndiale, la grande majorité des travailleurs manuels était de trop. Des millions de personnes du Sud se sont retrouvées instantanément au chômage et déplacées. Les emplois se trouvaient dans le Nord industrialisé, presque exclusivement dans les grandes villes. Cet événement est connu sous le nom de Deuxième Grande Migration.[63] "Les Noirs américains se sont déplacés du Sud vers le Nord ; cinq millions d'entre eux se sont déplacés après 1940, à l'époque de la mécanisation de la culture du coton. En 1970, lorsque la migration a pris fin, l'Amérique noire ne comptait plus que la moitié de Sudistes et moins d'un quart de ruraux ; 'urbain' était devenu un euphémisme pour 'noir'. La migration des Noirs a été l'un des mouvements internes de masse les plus importants et les plus rapides de l'histoire – peut-être le plus important qui n'ait pas été provoqué par une menace immédiate d'exécution ou de famine. »[64]

L'impact social de cette migration a été bien documenté. Cependant, à l'époque de la migration, peu de gens semblaient se poser les questions fondamentales de savoir où vivraient cinq millions de personnes déplacées, comment elles s'intègreraient dans des cultures radicalement différentes, et comment elles seraient employées et éduquées. Bien que les lois Jim Crow ne s'appliquent plus, le racisme était omniprésent. Le monde urbain explosait dans des flammes que personne ne savait comment contenir. « La résistance à l'installation des Noirs dans les communautés blanches a précédé un exode massif, souvent appelé 'fuite

des Blancs', et a entraîné la transformation de la plupart des grandes villes. »[65]
S'il était évident que les Afro-Américains devaient vivre quelque part, beaucoup de gens ne voulaient pas qu'ils vivent à côté de chez eux. Des communautés noires entières ont été contraintes de s'installer dans des ghettos et des tours d'habitation. Pendant ce temps, les immigrants européens des villes du Nord vivaient depuis des décennies dans des quartiers ethniques isolés. Des sections entières de la ville ont été baptisées du nom de leurs résidents : Little Italy, Germantown, et Southies à Boston. C'était des villes dans les villes. Mais, si ces Européens étaient des immigrés, c'étaient des immigrés *blancs*.

La fuite des Blancs n'était pas seulement un phénomène résidentiel ; les assemblées religieuses urbaines ont rapidement suivi le mouvement. Les observations de Gibson Winter concernant l'immigration des Blancs européens et des Afro-Américains vers les zones urbaines étaient révélatrices et prédictives :

> l'immigration de nouveaux arrivants blancs et noirs a également eu un effet particulier ; le retrait protestant de ces nouveaux arrivants a créé un schisme dans la vie religieuse métropolitaine.
>
> Les principales dénominations[66] blanches se retiraient dans les banlieues et les zones satellites, tandis que le protestantisme nègre [sic] et sectaire a commencé à dominer les zones centrales des villes. Les principales dénominations blanches ont évolué vers une identification exclusive avec les classes moyennes blanches ; en fait, elles s'isolent géographiquement de la classe ouvrière des zones métropolitaines. L'effet net de l'évolution démographique a été une revalorisation des principales dénominations par une isolation sociale et physique des classes ouvrières.[67]

L'Église du Nazaréen n'a pas été épargnée par l'impact de la deuxième grande migration. Des milliers d'Afro-Américains ont migré vers Kansas City, Missouri, où se trouvait le siège de l'Église du Nazaréen. Vivant dans l'une des villes les plus ségréguées du Midwest au début des années 1940, les Afro-Américains de Kansas City n'étaient pas autorisés à manger dans les restaurants publics (uniquement aux comptoirs des pharmacies), à assister aux représentations cinématiques ou à occuper des chambres d'hôtel. Les contrats immobiliers comportaient des clauses interdisant aux résidents noirs d'être propriétaires ou locataires. « En

1940, plus de 90% des Afro-Américains de Kansas City vivaient dans une zone de la ville délimitée, du Nord au Sud, par Independence Avenue et la 27e rue. »[68]

Le siège social, la maison d'édition et le séminaire des Nazaréens étaient tous situés dans ce couloir. En raison du surpeuplement des bureaux et de l'évolution démographique, une commission fut nommée pour étudier la question et présenter un rapport à l'Assemblée générale de 1948. La recommandation de la commission était de déplacer toutes les propriétés confessionnelles vers une partie plus « sûre » de la ville. Une partie du rapport indique : « Nous sommes confrontés de manière réaliste au fait qu'une forte population noire [sic] dans une communauté crée des problèmes et des situations qui ne sont pas propices aux meilleurs intérêts d'une œuvre telle que la nôtre, et pour lesquels nous ne sommes pas tenus d'assumer la responsabilité. »[69] L'avertissement a été entendu, le rapport accepté et la recommandation adoptée. Peu de temps après, de nouvelles propriétés ont été acquises à plusieurs kilomètres de là, dans ce qui est considéré comme une partie plus désirable de la ville, renforçant ainsi le Grand Retournement.

Vers les banlieues dans une société américaine plus grande

D'autres facteurs sociologiques étaient à l'œuvre pour créer la banlieue moderne. On avait désespérément besoin de logements pour accueillir les milliers de vétérans de guerre. Des prêts hypothécaires avantageux ont rendu les logements plus abordables, et la plupart des nouvelles constructions ont été réalisées à la frontière des villes ou au-delà. Glen Kehrein note : « Au cours des quinze premières années qui ont suivi la fin de la Seconde Guerre mondiale, 688 222 nouvelles maisons ont été construites dans la zone métropolitaine de Chicago, situées soit dans les banlieues, soit aux limites les plus éloignées de la ville. »[70]

La disponibilité de nouveaux moyens de transport a également eu un impact sur la croissance des banlieues. Sean Benesh pense que l'avènement de l'automobile, associé à son caractère abordable pour le consommateur moyen, a permis aux membres de la classe moyenne de fuir les villes. « Il n'est pas exagéré de dire que l'automobile personnelle a changé toute la culture américaine. »[71] Cette idée est encore renforcée par le sociologue urbain William Flanagan : « En dix ans, de 1905 à 1915, le nombre d'automobiles immatriculées [au niveau national] est passé de 8 000 à 2,3 millions. En 1925, il y en avait 17,5 millions ; en 1930, 23 millions. »[72]

Alors que l'Amérique s'acheminait de plus en plus vers une société de banlieue, Ross Douthat note que la communauté religieuse qui avait été si importante pour le ministère d'incarnation est devenue plus difficile à soutenir dans un monde de banlieue qu'elle ne l'avait été lorsque les petites villes et les quartiers urbains étaient la norme.[73] Douthat cite également l'étude exhaustive de Dean Hoge sur les églises traditionnelles à cette époque. Un échantillon représentatif de baby-boomers protestants a révélé que 50 % d'entre eux vivaient à plus de 150 km de l'église où ils avaient été confirmés et formés.[74] Également idéalisée dans des sitcoms comme *Leave It to Beaver* et *My Three Sons*, la suburbanisation a été associée au rêve américain, aux valeurs familiales et à la bonne vie de la classe moyenne.[75] Les banlieues étaient suffisamment proches de la ville pour accéder aux commodités que le monde urbain offrait, tout en étant suffisamment éloignées pour éviter les luttes quotidiennes de la vie dans les quartiers à forte densité.

Inverser le Grand Retournement

Au moment où l'exode vers les banlieues semblait avoir atteint son apogée, on assista à la fin des années 1960 à une petite mais croissante résurgence évangélique vers les villes américaines, qui incluait un reste de Nazaréens. « Influencés par le mouvement des droits civiques, le désir d'un évangile holistique combinant l'action sociale et l'évangélisation, et par un corpus croissant de littérature théologique qui prenait au sérieux la ville comme lieu de ministère chrétien, les Nazaréens ont rejoint d'autres évangéliques pour réclamer le ministère dans le contexte urbain. Les Nazaréens n'ont pas parcouru ce chemin seuls ; ils l'ont parcouru avec d'autres évangéliques ».[76] Bien que de nombreuses églises nazaréennes aient emprunté la voie évangélique plus large pour évacuer les centres urbains, d'autres influences internes ont commencé à émerger dans les cercles nazaréens pour rappeler l'église à ses racines. William Greathouse a été élu président du Séminaire théologique du nazaréen en 1968. L'influence considérable de Greathouse a contribué à raviver une passion parmi les jeunes pasteurs émergents et les implanteurs d'églises pour les racines bibliques et wesleyennes de la théologie nazaréenne.

Greathouse a été élu surintendant général de l'Église du Nazaréen en 1976, mais avant de quitter le séminaire, il a engagé une théologienne douée et avant-gardiste, Mildred Bangs Wynkoop. Ordonnée dans l'Église du Nazaréen, Wynkoop avait été la présidente fondatrice du Japan Nazarene Theological Seminary, et enseignait les missions et la théologie au Trevecca Nazarene College à Nashville. Elle est devenue théologienne en résidence au Séminaire théologique nazaréen. Ensemble, Greathouse et Wynkoop sont devenus deux des principales voix théologiques de l'Église du Nazaréen pendant cette période importante de l'histoire de l'Église. Wynkoop a écrit deux livres très influents qui ont inspiré un intérêt renouvelé pour les ministères sociaux dans le contexte urbain, *John Wesley : Christian Revolutionary* (1970) et *A Theology of Love : The Dynamic of Wesleyanism* (1972). Ces voix persuasives et ces textes convaincants se sont combinés pour offrir un contrepoids aux tendances fondamentalistes qui avaient abouti au Grand Retournement.

Les jeunes pasteurs nazaréens écoutaient, y compris Tom Nees. Pasteur dans le centre urbain de Washington, DC, Nees a confessé qu'il « luttait pour trouver un moyen de servir les pauvres de [sa] ville. »[77] De jeunes pasteurs nazaréens écoutaient, dont Tom Nees. Pasteur dans le centre urbain de Washington, DC, Nees a confessé qu'il « luttait pour trouver un moyen de servir les pauvres de [sa] ville ». Ayant reçu de Dieu un appel clairement formulé à conjuguer la passion évangélique et l'amour compatissant, Tom Nees a pu constater que les plus grands problèmes de la ville étaient profondément ancrés et systémiques, et pour qu'un véritable changement se produise, il fallait plus qu'un renouveau individuel isolé. Comme Wesley, Booth, Palmer et Bresee avant lui, Nees croyait que l'action sociale évangélique était nécessaire. « Le mouvement de la jeunesse des années 1960, associé à la renaissance wesleyenne et . . . le livre *John Wesley : Christian Revolutionary*, par Mildred Wynkoop, ont renforcé chez Nees le désir de voir l'Église du Nazaréen activement impliquée dans la société. »[78]

Nees a écrit une thèse de doctorat en 1976 intitulée *The Holiness Social Ethic and Nazarene Urban Ministry*. Il a soutenu que les églises de la sainteté représentent une tradition éthique significative qui est nécessaire pour motiver l'Église entière à répondre aux maux sociaux de la société. « Ce n'est que dans un passé relativement récent, et sans effort conscient de répudier ce que l'on peut appeler l'éthique sociale de la sainteté, que le wesleyanisme, ou le mouvement de la sainteté, a été séparé de l'action sociale. Les causes de ce retrait de l'éthique sociale sont nombreuses et complexes, mais elles sont dues en partie, sinon en premier lieu, à un manque de compréhension de la tradition éthique qui a commencé avec Wesley. »[79]

Poussé à l'action, Nees a fondé Community of Hope, un projet de développement urbain au cœur de Washington, DC. L'Évangile y est proclamé tandis que les personnes marginalisées reçoivent des soins de santé, une aide au logement, une formation professionnelle, une aide juridique, de la nourriture et des vêtements. Un nouveau mot d'ordre a été popularisé dans l'Église du Nazaréen : *l'évangélisation compatissante*.

D'autres lumières brillantes ont commencé à apparaître alors que les Nazaréens retournaient dans les villes avec un accent renouvelé sur les ministères de la miséricorde : The Lamb's Church à Manhattan ; Golden Gate Ministries à San Francisco ; Los Angeles First Church of the Nazarene (y compris le Bresee Institute, un programme expérimental, basé sur des stages, conçu pour exposer les jeunes leaders au ministère urbain holistique, dirigé par Ron Benefiel) ; Shepherd Community Center à Indianapolis ; Liberation Community à Fort Worth. D'autres responsables urbains ont rapidement suivi : JoeAnn Ballard, David Best, John Calhoun, Seymour Cole, Dean Cowles, John Hay, Orville Jenkins Jr, Michael Mata, Samuel Smith, Bryan Stone, Fletcher Tink et d'autres. Les services fournis par ces églises urbaines comprenaient « des cliniques médicales pour les sans-abri, des interventions en cas de crise, des programmes de défense des clients, des conseils en matière d'emploi, de placement et de formation professionnelle, ainsi que des résidences en maison de transition. »[80]

Le Conseil des surintendants généraux de l'Église du Nazaréen a publié une proclamation dans le *Herald of Holiness* de décembre 1981 (maintenant *Holiness Today*) : « Là où la sainteté chrétienne est vraiment vivante, la compassion en est le beau fruit. [Les nazaréens devraient toujours] chercher à faire du bien aux corps et aux âmes de [l'humanité] ; nourrir les affamés, vêtir les nus, visiter les malades et les prisonniers, et s'occuper des nécessiteux, selon l'opportunité et la capacité qui leur sont données. »[81] Cette proclamation a été suivie d'une lettre pastorale publiée par le Conseil des surintendants généraux en 1983, qui affirmait : « Une nouvelle conscience sociale a traversé notre Église. [Le] sentiment de 'sainte compassion' était une expression authentique des racines du mouvement américain de la sainteté dans le réveil wesleyen. Le ministère de la compassion a été souligné de manière à le placer *très près du centre de la raison fondamentale de l'existence de l'église.* » La conclusion de la lettre pastorale : « À la lumière de la perspective biblique ainsi que de notre mission distinctive, [de tels ministères sociaux devraient être] incorporés dans le programme total de l'évangélisation à l'ensemble de la communauté [sans exclure les personnes des niveaux socio-économiques inférieurs].[82]

Au cours de cette période, l'Église du Nazaréen a officiellement établi deux initiatives axées sur les villes : (1) Le Bureau des Missions Urbaines en 1979 et (2) Thrust to the Cities,[83] lancé à l'Assemblée Générale de 1985. Dirigés par les surintendants généraux Lewis, Johnson, Jenkins, Strickland, Stowe et Greathouse, les dirigeants de la dénomination ont soutenu et encouragé ce regain d'intérêt pour l'évangélisation compatissante dans les villes. La marée du Grand Retournement a été temporairement endiguée, mais pas complètement contenue.

Une église pour la ville :
Centre de ressources urbaines Nueva Luz & Église du Nazaréen de Garfield Heights (Ohio)

En 1998, le révérend Max Rodas était pasteur dans la banlieue de Cleveland, à Medina, dans l'Ohio, lorsqu'il a été confronté pour la première fois à la réalité de l'épidémie de VIH/SIDA qui ravageait des quartiers urbains entiers. Les effets de la maladie avaient commencé à se propager dans les communautés latino et afro-américaines, créant un problème auquel les centres de traitement n'étaient pas préparés. Bon nombre de ces nouveaux patients n'étaient pas à l'aise pour recevoir des soins de la part de centres qui, jusque-là, s'étaient surtout concentrés sur la communauté gaie. Le centre de ressources urbaines Nueva Luz a été créé en 1999 dans le quartier de Cudell, la zone la plus touchée par les infections à VIH dans tout le comté de Cuyahoga.

Nueva Luz a commencé à offrir des services de dépistage, de conseil et de traitement du VIH dans un bâtiment d'église partagé avec une congrégation nazaréenne hispanophone. Peu de temps après le début du projet, Rodas a quitté la banlieue pour s'installer en ville et a trouvé sa vocation professionnelle à plein temps en tant que directeur exécutif de Nueva Luz. Aujourd'hui encore, lorsqu'il a l'occasion de s'adresser aux habitants du quartier, il commence toujours par dire : « Merci de nous permettre de vivre avec vous dans votre quartier. »

Vingt ans plus tard, l'organisation continue de fournir une gestion des cas médicaux pour s'assurer que chaque personne vivant avec le VIH a un médecin et prend ses médicaments. Mais elle propose également des programmes d'aide au logement, à la nutrition, aux services juridiques, à la guérison et au développement de la main-d'œuvre. En écoutant les histoires de leurs voisins, M. Rodas et son équipe ont découvert que tous ces problèmes sont liés, et qu'ils contribuent tous au cycle de la pauvreté à l'œuvre dans des quartiers comme Cudell. Grâce à ces services, Nueva Luz sert en moyenne sept cents personnes chaque mois.

En 2013, on a demandé à Rodas d'être un prédicateur invité dans une petite église de l'autre côté de Cleveland, à Garfield Heights. Il ne s'attendait pas à ce que cette congrégation blanche de vingt personnes située dans un quartier majoritairement afro-américain invite un pasteur d'origine guatémaltèque à diriger leur église. Quand ils l'ont fait, il a immédiatement décliné l'invitation et a commencé à retraverser la ville. Mais alors qu'il passait des quartiers noirs et juifs de l'est de Cleveland aux quartiers latinos de l'ouest de Cleveland, il a reconnu la présence indubitable de Dieu dans sa voiture. Rodas a senti Dieu se lamenter sur les profondes divisions de la ville et de l'Église et l'a entendu l'inviter à participer à la suppression des barrières.

Au cours des sept dernières années, Rodas a été à la fois pasteur de l'Église nazaréenne de Garfield Heights et directeur exécutif de Nueva Luz. Il existe maintenant des relations importantes qui lient les deux ministères et leurs quartiers, et la congrégation ressemble beaucoup plus à son quartier environnant, plein de diversité raciale, ethnique et linguistique. Le pasteur Rodas ne fait que souligner la puissance du Saint-Esprit lorsqu'il déclare : « Je ne sais pas pourquoi j'ai été choisi pour être au milieu de tout cela. »

Dans son livre *Prophetic Imagination*, Walter Brueggemann affirme que le travail du prophète consiste à la fois à donner de l'espoir au peuple et à offrir une critique prophétique des systèmes d'injustice. Rodas est bien placé pour faire les deux, et il le fait avec ses mots et ses actions. « En tant qu'Église, nous devons nous repentir de notre racisme, de notre intellectualisme et de notre richesse », déclare-t-il. « Nous devons retourner au cœur de la ville. »

Réflexion ou discussion

1. Quelles sont les émotions qui ont surgi en vous à la lecture de ce chapitre ? Prêtez attention à tout ce qui vous semble négatif ou inconfortable ; ne le rejetez pas trop vite. Après avoir identifié vos propres sentiments et pensées concernant cette partie de l'histoire, prenez le temps de prier. Comment l'Esprit pourrait-il vous inviter à réagir ?
2. Dans ce chapitre, Busic déclare : « Lorsque l'Église a élargi ses horizons à une paroisse mondiale, il est devenu plus facile de négliger la paroisse de quartier. » Comment avez-vous été témoin du fait que la mission mondiale entrave la mission locale ? Comment les deux devraient-elles s'équilibrer ?
3. Quelle est la différence entre les ministères basés sur la famille et ceux basés sur le quartier ? Quelle est l'orientation la plus répandue dans votre propre église en ce moment ? Laquelle a été la plus répandue dans votre expérience des églises passées ?

Pratique en ville 1 :
Connaître votre histoire

Prenez du temps pour apprendre l'histoire raciale, éducative et économique de votre ville. Faites des recherches sur les données démographiques actuelles et remarquez les différences entre les quartiers et/ou les sections de la ville. Quelles politiques et/ou quels événements ont conduit à la réalité actuelle ? Comment voyez-vous les effets de la fuite des Blancs dans votre région ?

Pratique en ville 2 :
Apprendre des églises solides

Identifiez les églises de votre ville qui sont restées dans le noyau urbain. Dans la plupart des villes, il s'agit souvent d'assemblées de couleur. Réfléchissez dans la prière aux assemblées pour lesquelles vous pourriez être invité à prier ou que vous pourriez être invité à visiter afin d'apprendre d'elles. Prenez un rendez-vous avec un pasteur et/ou rejoignez-le pour le culte. Positionnez-vous avec humilité comme un apprenant, reconnaissant les années de travail fidèle et difficile de ces congrégations. Demandez à l'Esprit de vous guider vers l'amitié et le partenariat.

DEUXIEME PARTIE
THÉOLOGIE

Dans la deuxième partie, nous examinerons le fondement théologique de la spiritualité et de l'ecclésiologie wesleyennes, en nous concentrant sur l'importance des petits groupes, des moyens de grâce et de la compassion dans la formation du caractère chrétien, et en imaginant les implications de la vision d'Ésaïe pour la communauté chrétienne.

3
UNE SPIRITUALITÉ WESLEYENNE DE LA SAINTETÉ POUR LA VILLE

L'expression « tradition wesleyenne de la sainteté » dans le titre de ce chapitre est intentionnelle. Si les perspectives théologiques du wesleyanisme et du mouvement de la sainteté sont similaires, elles ne sont pas identiques. Le wesleyanisme primitif, avec le réveil wesleyen du 18e siècle qui en a résulté, et le mouvement américain de la sainteté du 19e siècle sont distincts, non seulement parce qu'ils proviennent de siècles différents, mais aussi parce qu'ils sont nés dans des contextes uniques.

Le réveil wesleyen est né à l'aube de l'ère industrielle dans un anglicanisme anglais quelque peu sophistiqué, voire spirituellement froid, puis s'est déplacé avec une force spirituelle passionnée vers les marginaux de la société anglaise, notamment les prisonniers, les mineurs de charbon et les pauvres des villes. Le mouvement américain de la sainteté est né dans le contexte du méthodisme américain, du revivalisme des frontières et de la recrudescence des associations de réunions de camps qui ont balayé la jeune nation avec une telle force que les historiens de l'Église ont considéré cette période comme le Deuxième Grand Réveil.[84]

La spiritualité wesleyenne de la sainteté affirme les différences uniques entre ces deux mouvements, mais lorsqu'ils sont réunis, ils forment le courant qui alimente les fondements théologiques et l'expérience collective de l'Église du Nazaréen. Ainsi, l'Église du Nazaréen n'est pas le sous-produit de l'un ou de l'autre ; elle est le résultat des deux, un rejeton intégré de chaque mouvement individuel.

Le wesleyanisme urbain

La majorité des modèles d'églises urbaines sont théologiquement réformés[85] ou charismatiques[86] par nature. Ces mouvements d'implantation d'églises sont indispensables et doivent être célébrés ; cependant, une voix de la tradition wesleyenne de la sainteté est également nécessaire pour implanter, développer et renouveler les églises urbaines. Les pratiques wesleyennes propices à la vie dans le contexte urbain se concentrent moins sur les systèmes théologiques et l'apologétique basée sur les propositions et plus sur la vitalité guidée par l'Esprit de ce que les contemporains de Wesley appelaient souvent la « religion du cœur »,[87] un concept que Don Thorsen déclare être « trop catégoriquement non systématique et d'orientation trop spirituelle pour les calvinistes. »[88] Il est souvent sous-entendu que la spiritualité wesleyenne sert davantage à guider l'application pratique du discipulat chrétien, tandis que la spiritualité réformée est davantage axée sur les systèmes de croyance propositionnels et logiquement construits. Bien que cette dichotomie soit peut-être exagérée, la complexité et l'imprévisibilité de la vie en ville peuvent rendre difficiles à gérer des constructions théologiques plus techniques et des structures institutionnelles inflexibles.

Thorsen souligne en outre que la spiritualité wesleyenne sert de dissuasion par rapport au danger potentiel de triomphalisme que l'on trouve souvent dans le pentecôtisme. L'ardent plaidoyer de Wesley en faveur des pauvres n'était pas fondé uniquement sur la compassion ; il était convaincu que le ministère auprès et parmi les pauvres était également un moyen de la grâce de Dieu pour l'Église. La compréhension wesleyenne des moyens de grâce, à la fois institués et d'ordre prudentiel, en tant que canaux par lesquels Dieu cherche, sauve et sanctifie, sont des moyens potentiellement très efficaces de former des disciples dans le contexte urbain. La spiritualité wesleyenne accorde une importance équilibrée aux actes de piété et de miséricorde. Les moyens de grâce d'ordre prudentiel, tels que les actes de miséricorde et le service auprès des pauvres, sont aussi importants pour la formation spirituelle wesleyenne que les moyens de grâce institués, tels que la prière, l'étude biblique, les sacrements et les conférences chrétiennes (ou ce que nous appelons aujourd'hui les petits groupes).[89]

Le wesleyanisme, dans son essence, est dynamique, créatif et adaptable.[90] L'adaptabilité est utile pour être efficace et pertinent dans son contexte, mais elle ne se prête pas toujours à des modèles reproductibles. Ainsi, le paradigme de la spiritualité wesleyenne servira davantage de boîte à outils que de prototype reproductible pour les églises urbaines.

La principale préoccupation théologique et pastorale de Wesley était que la grâce de Dieu est à la fois salvatrice et habilitante, travaillant avec la réponse humaine de manière synergique pour donner au peuple de Dieu les moyens d'une formation spirituelle et d'une action rédemptrice dans le monde. Si la précision de sa construction théologique peut être considérée comme insuffisante pour sa pratique ecclésiale, Wesley s'est généreusement inspiré des travaux d'autres traditions théologiques. Le spécialiste wesleyen Randy Maddox montre le large éventail de l'orthodoxie généreuse de Wesley en montrant comment il a intégré les traditions des courants de pensée chrétiens orientaux et occidentaux dans un guide pratique pour la formation spirituelle du peuple méthodiste. La construction théologique de Wesley était fondée sur deux vérités codéfinitives du christianisme : « Sans la grâce de Dieu, il n'y a pas de salut ; sans la participation humaine, la grâce de Dieu ne sauvera pas. »[91] Maddox intègre ces deux vérités parallèles dans son expression de "grâce responsable". La grâce de Dieu en vue du salut gratuit est un don volontaire qu'aucun être humain ne peut gagner ou mériter. C'est la compréhension théologique du *monergisme*, l'idée que Dieu agit de manière souveraine indépendamment de la réponse de l'homme. Cependant, l'œuvre de Dieu empreinte de grâce comprend également une habilitation qui permet à chaque personne d'obéir de son plein gré et de façon délibérée. C'est la compréhension théologique de la *synergie*, ou la liberté morale de travailler avec et pour les objectifs rédempteurs de Dieu pour le monde.

Timothy Tennent soutient que « l'expression 'grâce responsable' de Maddox parvient à capturer en une seule phrase l'équilibre parfait entre le pessimisme augustinien et l'optimisme pélagien ».[92] Ou, dit autrement, sans Dieu, il n'y a pas d'espoir de salut ou de guérison, et sans réponse de l'homme à Dieu, il n'y a pas d'Église. La grâce de Dieu fait partie intégrante de l'invitation, personnelle et collective, à accomplir l'œuvre de Dieu dans le monde. Si le salut est toujours une réponse à l'initiative divine non coercitive, la « capacité de réponse » du chrétien est indispensable. La grâce prévenante, salvatrice, sanctifiante et habilitante de Dieu continue à nourrir le croyant.

La contribution de Maddox aux études sur Wesley est considérable, mais aucune n'est plus remarquable que son insistance sur la reconnaissance par

Wesley de la tendance humaine à l'auto-justification. « Étant donné la subtilité et le caractère trompeur du péché, Wesley était convaincu que chaque chrétien avait besoin d'une direction spirituelle pour rendre compte de sa croissance dans la sainteté. »[93] La responsabilité revient à suggérer qu'une forme de discipline auto-imposée est nécessaire à la vie et au témoignage chrétien. Cette responsabilité personnelle et collective en vue de la croissance en matière de sainteté revêt une importance particulière pour la spiritualité urbaine. Dans un contexte de densité écrasante et de diversité complexe, les habitants des villes recherchent des relations d'interdépendance comme moyen de survie. L'accent mis par les wesleyens sur la nécessité de la responsabilité pour une croissance spirituelle équilibrée est bénéfique pour la spiritualité de la ville.

Wesley était convaincu que le développement du caractère chrétien et la formation d'un esprit chrétien doivent être nourris par les moyens de la grâce. Cette conviction était l'une des principales raisons pour lesquelles Wesley encourageait les règles générales de la discipline méthodiste à inclure la triple injonction d'éviter tout péché connu, de faire autant de bien que possible et d'*observer toutes les ordonnances de Dieu*. Ces règles ne permettaient pas d'obtenir la faveur de Dieu, mais étaient nécessaires pour « nourrir le remodelage de leur caractère chrétien ».[94]

Le moyen de grâce connu sous le nom de conférence chrétienne a pris une composante de groupes comprenant des réunions de classe, des bandes et des groupes choisis conçus pour encourager chaque personne à ressembler à Christ. Chacun de ces rassemblements comportait différents niveaux et profondeurs de responsabilité. Les petits groupes développaient la vie de l'Esprit chez les participants et constituaient un moyen par lequel Dieu étendait sa grâce à chaque individu. Sans cette responsabilité, Wesley croyait que la croissance dans la grâce était sérieusement diminuée, et il a « dénoncé à plusieurs reprises la folie de ceux qui désirent 'la fin sans les moyens', c'est-à-dire ceux qui s'attendent à une croissance dans la foi et la sainteté sans une participation régulière aux moyens par lesquels Dieu a choisi de transmettre la grâce ».[95] Les préoccupations théologiques de Wesley pour la grâce responsable offraient au mouvement méthodiste une structure ecclésiale claire et constituent un paradigme utile pour établir des églises wesleyennes de la sainteté en contexte urbain aujourd'hui.

De l'aveu même de Maddox, adopter Wesley comme mentor spirituel ne correspond pas bien aux contextes actuels en dupliquant simplement ses structures. La méthodologie de Wesley était adaptée à son contexte contemporain et a été développée en réponse à son milieu culturel spécifique. Le plan méthodiste de formation de disciples décrit dans les règles générales a trouvé une expression pratique à son époque, à travers la responsabilité des réunions de classe, des bandes, des groupes choisis et d'autres formes de participation aux moyens de grâce. Quelle que soit la forme que prend aujourd'hui la spiritualité wesleyenne de la sainteté, trouver des moyens d'accroître la responsabilité mutuelle reste essentiel à la formation spirituelle. Tout effort visant à implanter, développer ou renouveler les églises urbaines dépendra du retour à la méthode wesleyenne de transformation personnelle dans et par la communauté chrétienne. Quelle que soit sa forme, la question cruciale de la conférence chrétienne : « Comment va votre âme ? »[96], trouve une nouvelle expression comme moyen de grâce aujourd'hui.

Une Église pour la ville :
Mission New York (Harlem, New York City)

Le révérend Dr Bruce Barnard se consacre à aider l'Église à prospérer dans la ville de New York. En tant que directeur exécutif de la Manhattan Initiative, il a une vision globale de l'acquisition et du développement des biens immobiliers. L'Initiative de Manhattan supervise les investissements à long terme pour le district métropolitain de New York de l'Église du Nazaréen, et injecte des fonds dans l'implantation d'églises, le développement du clergé, et les partenariats entre les églises et les entreprises. Dans ce travail, Barnard sait de première main que le coût important de l'acquisition, du développement et de l'entretien d'une propriété dans la ville de New York peut être prohibitif pour les nouvelles églises : c'est l'une des raisons pour lesquelles il dirige une église qui se réunit chaque semaine dans l'appartement de sa famille.

Chaque semaine, la petite assemblée se réunit pour partager un repas dans le cadre de son service religieux, qui comprend également des chants, des enseignements, des discussions, des prières et l'Eucharistie. Les relations formées dans ce cadre intime sont un moyen de grâce pour les personnes impliquées, car elles apprennent les unes des autres, se font confiance et partagent leurs besoins et leurs expériences. C'est à la fois une église et un petit groupe.

Se décrivant elle-même comme une « église de salon », la congrégation a dû changer de salon plus d'une fois depuis son lancement en 2013. Mais c'est une partie normale de la vie de la plupart des gens qui vivent dans les grandes villes, et l'espace de rassemblement concerne davantage les personnes qui s'y trouvent que son emplacement. La composition de l'assemblée a également changé au cours de cette période, car des personnes ont déménagé et de nouveaux arrivants ont été accueillis.

Une église de maison à Harlem, une partie de la ville densément peuplée et en pleine transition, présente de nombreux avantages, le plus évident étant peut-être que l'assemblée dispose d'un espace libre pour pratiquer son culte. Mais un avantage encore plus grand, selon Barnard, est la possibilité de développer des relations avec son voisinage. Les douze personnes qui se réunissent chaque semaine dans le cadre de Mission New York sont impliquées et investies dans la vie des autres de manière considérable.

« Ce n'est pas un modèle que beaucoup considéreraient comme 'réussi' en termes de chiffres », admet M. Barnard. « Mais je ne pense pas que ce soit les seuls critères de succès. » Les membres de l'assemblée travaillent ensemble sur ce que signifie suivre Jésus fidèlement au milieu de leur vie dans la ville, et trouvent dans ce processus de riches encouragements et des responsabilités. Les membres de Mission New York sont bénis les uns par les autres et par la ville qu'ils habitent, et ils prient pour qu'ensemble, ils soient aussi une bénédiction pour leur ville.

Réflexion ou discussion

1. Auriez-vous considéré auparavant les petits groupes (ou d'autres types de « conférences chrétiennes ») comme faisant partie intégrante de la spiritualité wesleyenne de la sainteté ? Pourquoi ou pourquoi pas ?
2. Quand avez-vous fait partie d'un groupe qui s'est concentré sur des questions telles que : « Comment va votre âme ? » Comment ce groupe a-t-il été un moyen de grâce pour vous ? De quelle transformation avez-vous été témoin en vous-même et/ou chez les autres membres du groupe ?
3. Fort de votre expérience (bonne ou mauvaise), qu'est-ce qu'il faut pour former ce genre de groupes, et de quoi ont-ils besoin en permanence pour atteindre leur objectif ?
4. Développer des relations à long terme autour d'un désir partagé de faire des disciples est essentiel dans les églises wesleyennes de la sainteté, qu'elles soient urbaines ou non. En gardant cela à l'esprit, quelles sont les implications

immédiates pour votre propre église, ou pour vos plans d'implantation d'église ?

Pratique en ville : Rejoindre un lieu tiers

Les habitants de votre ville ne trouvent peut-être pas la communauté dans l'église, mais ils la recherchent quelque part. Un « lieu tiers » est un lieu de connexion, de communauté et d'appartenance qui n'est ni la maison ni le travail. Dans votre région, où les gens se réunissent-ils pour parler de leur vie, développer des amitiés et s'engager ensemble dans des projets ? Ces types de communautés peuvent se retrouver dans des parcs, des cafés, des gymnases, des organisations bénévoles ou des clubs de loisirs. Une fois que vous avez identifié quelques-uns de ces groupes, réfléchissez à celui qui correspond le mieux à vos propres intérêts, puis rejoignez-le. Laissez les rythmes de la communauté vous instruire, et recevez la grâce de l'amitié. Soyez patient lorsque l'Esprit guide les conversations et les relations ; vous êtes là pour apprendre, pour écouter et pour remarquer ce que Dieu fait déjà.

4
ECCLÉSIOLOGIE URBAINE

S'inspirant de l'héritage spirituel du réveil wesleyen du 18e siècle, les églises de la sainteté aux États-Unis, avant et peu après la Guerre de Sécession, étaient des activistes sociaux soucieux du salut personnel, de l'évangélisation compatissante et de la justice biblique. Contrairement à l'idée selon laquelle le revivalisme du mouvement américain de la sainteté du 19e siècle a entravé le changement social, la thèse de doctorat de Timothy Smith, *Popular Protestantism in Mid-Nineteenth-Century America*, a démontré qu'avant la Guerre de Sécession, les méthodistes et d'autres églises évangéliques de la sainteté ont lancé et mené des réformes sociales et corporatives avec un optimisme résolu.[97]

Dans l'esprit de la prédication et de l'enseignement des calvinistes de la nouvelle école, tels que Asa Mahan et Charles Finney, issus des Oberlin Holiness revivals, les perfectionnistes ont mené des campagnes abolitionnistes et mis l'accent sur les droits civils des femmes et des minorités. Plus tard, des responsables de l'Église méthodiste du Nord tels que Phoebe Palmer, Nathan Bangs et Benjamin T. Roberts ont mis l'accent sur une perfection chrétienne qui soulignait le ministère auprès des pauvres dans les plus grandes villes du Nord-Est des États-Unis. Le double accent mis sur la compassion ciblée et l'optimisme radical de la transformation personnelle et sociétale a contribué à façonner une ecclésiologie qui reste propice au ministère dans une variété d'environnements urbains.

Une ecclésiologie cohérente de la ville s'appuie sur les meilleures idées de toutes les traditions chrétiennes pour optimiser le ministère dans les complexités de la vie urbaine. La diversité œcuménique ne doit pas être perçue comme une faiblesse ; au contraire, chaque tradition fidèle peut offrir une perspective qui aide l'ensemble à penser et à agir de manière plus holistique et plus sainte. Dans son sermon « Catholic Spirit » (Esprit catholique), Wesley reconnaît les limites de la vision du monde d'un individu et défend l'importance d'une approche œcuménique qui valorise les contributions de l'ensemble : « Et il est certain, tant que nous n'aurons qu'une connaissance partielle, que tous les hommes ne verront pas tout de la même façon. C'est une conséquence inévitable de la faiblesse et de la brièveté actuelles de l'entendement humain, que plusieurs hommes auront des opinions différentes dans la religion comme dans la vie commune. Il en a été ainsi depuis le commencement du monde, et il en sera ainsi 'jusqu'à la restitution de toutes choses'. »[98]

Dans l'esprit de la pensée œcuménique, le chercheur Don Thorsen promeut une ecclésiologie wesleyenne clairement articulée, en accordant une attention particulière à la manière dont les croyances et les pratiques d'un point de vue wesleyen informent d'autres traditions théologiques prédominantes. Thorsen affirme les « divinités pratiques » que la tradition wesleyenne a apportées à la grande Église évangélique et souligne les caractéristiques wesleyennes qui ont un impact sur l'ensemble de la chrétienté. Celles-ci seront mises en évidence dans le reste du chapitre comme des caractéristiques distinctives de la sainteté wesleyenne qui façonnent une ecclésiologie urbaine robuste. Le terme « distinctives », bien sûr, n'implique pas que ces qualités ecclésiales n'existent pas dans d'autres traditions théologiques, mais simplement qu'elles s'élèvent à un niveau d'importance spéciale et de proéminence dans l'enseignement et l'application de la tradition wesleyenne de la sainteté. Il convient également de noter que ces caractéristiques distinctives servent le double objectif de la formation spirituelle des disciples à la ressemblance du Christ.

L'optimisme de la grâce

La grâce est une caractéristique de la foi chrétienne : catholique, protestante et orthodoxe, mais les effets immédiats et permanents de la grâce sur la vie d'une personne sont exprimés à des degrés divers. La théologie wesleyenne de la sainteté transmet la grâce, individuellement et collectivement, avec un grand optimisme et un effet salvateur. Les Nazaréens croient que la grâce est nécessaire à tous et disponible pour tous, indépendamment de notre condition morale ou sociale. Wesley aimait à décrire la grâce comme « libre pour tous et libre en tous ». Libre *pour* tous signifie qu'elle est disponible pour tous ; libre *en* tous signifie que la grâce n'a pas besoin d'être désirée ou même demandée.[99] Elle est simplement disponible, librement donnée et distribuée sans mesure, en chaque personne. La croyance fondamentale en une conversion qui change la vie et conduit à une transformation spirituelle radicale a imprégné l'enseignement, la prédication et la pratique du mouvement américain de la sainteté et des premiers nazaréens. « Une théologie imprégnée d'une expérience personnelle de la grâce de Dieu : c'est cela, le wesleyanisme ».[100]

L'optimisme de la grâce a un *telos* (signifiant but, ou fin) clair. Timothy Smith affirme que Wesley et ses descendants théologiques ont professé que la poursuite d'un caractère semblable à celui du Christ était la disposition finale de la grâce de Dieu dans la vie d'un individu : « Bien qu'il n'ait jamais impliqué l'absence d'ignorance, d'erreur ou de fragilité physique ou psychique, [Wesley] croyait que la grâce sanctifiante était disponible 'maintenant, et par la simple foi'. L'expérience de la nouvelle naissance nous libère des actions et des habitudes pécheresses. L'expérience subséquente de la sanctification 'entière' a apporté la délivrance de la tendance intérieure à pécher et a fait de l'amour l'impulsion dominante du cœur. Les Nazaréens croient que l'accent original est à la fois scripturaire et pertinent. »[101]

L'optimisme de la grâce va au-delà de la transformation des individus ; il transforme les quartiers, les villes et les cultures. Lors de l'élaboration des valeurs fondamentales de l'Église du Nazaréen, la conclusion du Conseil des surintendants généraux a déclaré : « Nous croyons que la nature humaine et, en fin de compte, la société, peuvent être radicalement et définitivement changées par la grâce de Dieu. »[102] Cette affirmation fondamentale de la grâce est à la base de toutes les croyances et pratiques wesleyennes de la sainteté dans la ville.

Le quadrilatère

Plusieurs ont soutenu que John Wesley n'était pas un théologien systématique dans la même veine que les réformateurs continentaux qui ont développé des constructions doctrinales complexes.[103] Étant donné son penchant pragmatique d'homme d'action, certains se sont demandés si Wesley avait même un schéma systématique. Cette question est validée par le fait que le document le plus proche d'une théologie systématique écrit par Wesley, *A Plain Account of Christian Perfection*, se lit plus comme un catéchisme que comme une théologie systématique. Il y a de bonnes raisons à cela. Lorsque nous réfléchissons aux antécédents de Wesley, nous nous rappelons qu'il a été formé comme prêtre anglican dans l'Église d'Angleterre et qu'il était un héritier spirituel de la Réforme anglaise.

À la demande d'Henri VII, l'archevêque de Canterbury et d'autres personnes se sont rendus à Genève pour examiner les avantages et les inconvénients d'un mouvement religieux similaire à la Réforme magistérielle.[104] En choisissant, au final, différente de celle de ses contemporains œcuméniques, « l'Église d'Angleterre a intentionnellement construit une 'voie médiane' théologique, une *via media entre protestantisme réformé* et catholicisme romain. »[105] Entre autres choses, ce milieu a adopté les *solas* classiques de la Réforme protestante.[106] La principale préoccupatuon de l'Église d'Angleterre était cependant que la doctrine de *sola Scriptura* (« L'Écriture seule ») était suffisamment littérale pour être considérée comme dangereusement étroite. Cette perception a amené les réformateurs anglais à équilibrer ce qu'ils percevaient comme une vision trop limitée de l'herméneutique avec d'autres sources d'autorité doctrinale. « Tout en acceptant l'autorité première de l'Écriture, les théologiens anglais étaient convaincus que les autres autorités, la raison et la tradition en particulier, devaient également avoir leur place dans la formulation de la théologie. » En conséquence, au lieu de construire une théologie systématique formelle, les efforts de l'Église d'Angleterre se sont concentrés sur la « divinité pratique. »[107] Les Thirty-nine Articles of Religion ont remplacé les crédos formels et le *Book of Common Prayer* est devenu le guide liturgique de chaque paroisse anglicane.

C'est dans cet environnement spirituel sacré que John Wesley a été élevé. Né fils d'un ecclésiastique anglican et éduqué à Christ Church, Oxford, Wesley devint un professeur, un pasteur et un missionnaire dévoué de l'anglicanisme de haut niveau et un homme d'église loyal. Cependant, grâce à l'influence de Peter Bohler et des Moraves, aux écrits dévotionnels de William Law, de l'évêque Jeremy Taylor et de Thomas à Kempis, ainsi qu'à sa propre expérience de l'Aldersgate, une semaine avant son trente-sixième anniversaire, Wesley fut porté à voir l'expérience chrétienne sous une nouvelle perspective. Comme les anglicans avant lui, son recueil de sermons et de commentaires écrits devint la source d'enseignement directrice et l'autorité interprétative des prédicateurs méthodistes. Il affirmait également la « triple source d'orientation et d'autorité » de l'anglicanisme, c'est-à-dire l'Écriture, la raison et la tradition.[108] Ses observations des autres et ses impressions personnelles l'ont cependant mené à un autre critère de vérification des vérités morales : divinité pratique de l'expérience chrétienne. Cet ajout n'exalte en rien les caprices subjectifs, les humeurs, les attitudes et les opinions des individus par rapport à l'Écriture ou à la tradition. Pour Wesley, l'expérience chrétienne était la reconnaissance de « la centralité de la Personne et de l'œuvre du Saint-Esprit dans la vie de l'Église », et la reconnaissance que l'Esprit était la source de l'expérience dans la vie d'un croyant.[109]

Concernant cet aspect important du point de vue de Wesley, Tom Noble écrit : « Cette conscience de la 'présence' gracieuse de Dieu est ce que Wesley entendait par 'expérience', et c'était pour lui une perception aussi réelle et indubitable que pouvait l'être toute conscience sensorielle. L'expérience spirituelle survient lorsque, en complément de nos cinq sens physiques, le Saint-Esprit nous donne le sens spirituel pour être conscient de la présence de la réalité de Dieu. La réponse subjective intérieure est une réponse de l'Esprit à la réalité objective du Dieu vrai et vivant qui nous rencontre. »[110] William Greathouse suggère que cette connexion entre le Saint-Esprit et l'expérience était « l'aspect nouveau et véritablement révolutionnaire de la théologie de John Wesley. »[111] Puis, dans un synopsis émouvant, Greathouse développe la pensée :

> C'est la compréhension que John Wesley avait du rôle indispensable du Saint-Esprit dans la vie des croyants qui a donné à sa théologie une orientation, une source et une forme nouvelles. En reconnaissant le rôle de l'Esprit dans l'expérience chrétienne, le trilatère anglican (Écriture, raison et tradition) est devenu le « quadrilatéral wesleyen » (Écriture, tradition, raison et expérience). Le nouveau centre d'intérêt de la foi et de l'éthique de Wesley consistait en la « sainteté du cœur et de la vie », ou la perfection chrétienne ; sa nouvelle source était l'expérience ; sa nouvelle forme, « la restauration de la doctrine négligée de la sainteté à sa position méritée dans la compréhension protestante du christianisme. »[112]

L'expression « quadrilatère wesleyen » a été inventée en 1964 par Albert Outler dans son étude décisive simplement intitulée *John Wesley*.[113] Wesley lui-même n'a jamais utilisé cette expression, et n'a pas non plus suggéré ces termes comme une formule méthodologique pour garantir une orthodoxie correcte, mais tout au long de ses écrits et de ses sermons, ces quatre éléments sont des thèmes récurrents qu'il considérait comme des sources d'autorité pour la théologie chrétienne.

Cependant, pour Wesley, l'Écriture était la première autorité. Weems affirme que « chacun des quatre [Écriture, tradition, raison, expérience] est interdépendant et aucun ne peut être consumé par un autre. Les quatre lignes directrices devraient instruire toute notre réflexion théologique. »[114] Maddox, pour sa part, suggère que « le soi-disant 'quadrilatère' wesleyen des autorités théologiques peut être décrit d'une manière plus appropriée comme une *règle biblique unilatérale, au sein d'une herméneutique trilatérale de la* raison, de la tradition et de l'expérience. »[115] D'autres ont beaucoup écrit sur les problèmes linguistiques et existentiels d'un quadrilatère strict.[116] Cependant, quelle que soit la terminologie utilisée, ces sources d'autorité continuent à servir la tradition wesleyenne de la sainteté en tant que « critères permettant de vérifier la véracité des idées théologiques », et elles restent vitales pour toute ecclésiologie intentionnelle de la ville.[117]

Les moyens de la grâce

Wesley parlait souvent des moyens en vue de la grâce. Il croyait que si la grâce de Dieu ne se mérite pas (c'est une grâce gratuite), les chrétiens ne restent pas non plus passifs, attendant de recevoir la grâce. Au contraire, ils s'engagent activement dans le moyen de la grâce, des pratiques et des habitudes qui facilitent l'administration de la grâce dans la vie des chrétiens et de ceux qui les entourent. Les moyens de la grâce ne sont pas salvateurs en soi ; ils consistent plutôt dans les diverses façons dont Dieu travaille pour fournir une force quotidienne, une paix durable, une foi renouvelée, une puissance spirituelle et un cœur pur aux enfants de Dieu. En résumé, ce sont les moyens par lesquels la grâce de Dieu agit pour nous rendre saints.

Bien que Wesley n'ait jamais eu *l'intention* d'être autre chose qu'anglican, lui et ses disciples ont reçu le nom de « méthodistes » parce qu'ils « prescrivaient certaines méthodes ou pratiques pour croître dans le caractère chrétien ».[118] Dans un sermon portant le même titre, Wesley définit expressément les moyens de grâce comme « des signes extérieurs, des paroles ou des actions, ordonnés par Dieu et désignés à cette fin, pour être les canaux ordinaires par lesquels il peut transmettre aux hommes la grâce prévenante, justifiante ou sanctifiante ».[119] En consacrant des sermons entiers au thème des moyens de la grâce et en insistant sur leur mise en pratique dans les communautés de foi méthodistes, Wesley soulignait leur importance pour une formation spirituelle saine et équilibrée.

L'érudit wesleyen Thorsen souligne cet accent distinctif : « Contrairement à Calvin, Wesley pensait que Dieu utilisait d'une manière prévenante les moyens de la grâce pour appeler les gens au salut ainsi que pour travailler en eux et à travers eux. À cet égard, l'accent mis par Wesley sur la nature prévenante de la grâce affirmait que Dieu et les gens travaillent ensemble, bien que mystérieusement, à leur conversion, leur persévérance et leur croissance spirituelle. Dieu veut que les moyens de la grâce incluent une action responsable de la part des individus. »[120]

La conviction de Wesley que l'Esprit de Dieu agit de manière continue et coopérative, même en dehors de l'Église, l'a amené à faire la distinction entre les moyens de la grâce institués et les moyens de la grâce prudentiels. Les moyens institués (désignés) sont les moyens de la grâce établis par Dieu dans les Écritures ; les moyens prudentiels (sages) sont les moyens de grâce qui ne sont pas explicitement mentionnés comme tels dans la Bible, mais qui s'avèrent bénéfiques dans la poursuite du caractère chrétien. Pour Wesley, les pratiques prudentielles comprenaient, sans s'y limiter, « la vigilance, le renoncement à soi-même, la prise de notre croix et l'exercice de la présence de Dieu. »[121]

Les moyens de la grâce peuvent être divisés en deux catégories : les œuvres de piété et les œuvres de miséricorde. Les œuvres de piété sont principalement ce que nous faisons pour améliorer notre relation personnelle avec le Christ. Les œuvres de miséricorde sont ce que nous faisons pour nous engager dans le ministère et la mission de Dieu dans le monde. Toutes deux ont une composante individuelle (ce que l'on peut faire seul) et une composante communautaire (ce qui doit être fait avec l'aide des autres). Les œuvres de piété individuelles comprennent la méditation des Écritures, la participation fidèle au culte, le partage de la foi avec les autres (évangélisation), la prière et le jeûne. Les œuvres de piété communautaires comprennent la participation aux sacrements, la responsabilité (également connue sous le nom de conférence chrétienne), l'étude de la Bible et la prédication. L'équilibre entre la piété et la miséricorde est nécessaire pour éviter de dériver vers un extrême ou l'autre. La piété sans la miséricorde devient insulaire et dénuée de compassion ; la miséricorde sans la piété devient un simple activisme politique. Le ministère dans la ville exige les deux.

La conférence chrétienne

Comprenant la propension du péché dans le cœur des gens et la tentation tenace de vivre des vies isolées, Wesley croyait que tout chrétien en pleine croissance avait besoin de relations responsables et de pratiques disciplinées. Si une nouvelle naissance est nécessaire pour commencer une nouvelle vie en Christ, elle n'est que le début. Les chrétiens naissent ; les disciples se font. Le voyage chrétien est initié, englobé et rendu possible par la grâce de Dieu, mais une participation personnelle engagée à la grâce de Dieu est à la fois nécessaire et attendue. Pour Wesley, cette participation s'accomplit par le biais d'un moyen d'encourager la formation de disciples et le renouvellement de l'église qu'il appelle conférence chrétienne.

Différents niveaux de conférences chrétiennes existent dans la structure de discipulat de Wesley. Le premier niveau était la société méthodiste. Une société était un groupe géographiquement situé de cinquante à cent personnes, comparable à une paroisse locale. Cependant, Wesley n'avait pas l'intention de faire en sorte que ces sociétés remplacent les offices religieux réguliers, et il veillait à ce que les réunions de la société n'interfèrent pas avec la participation aux offices religieux anglicans.[122] Sa loyauté envers l'Église d'Angleterre s'est maintenue malgré le développement des sociétés. La première association méthodiste a été fondée en 1739 en réponse aux besoins que Wesley ressentait chez un groupe de personnes désireuses d'approfondir leur marche chrétienne. Les objectifs fondamentaux de ces sociétés étaient « de prier ensemble, de recevoir la parole d'exhortation, et de veiller les uns sur les autres dans l'amour, afin qu'ils puissent s'aider mutuellement à réaliser leur salut. »[123] Dans son traitement du système de groupes de disciples de Wesley, D. Michael Henderson souligne que « la fonction première de la société était l'instruction cognitive ; elle était le canal éducatif par lequel les principes du méthodisme étaient présentés. »[124] Le deuxième niveau de conférence était la réunion de classe. En tant que subdivision des sociétés, les réunions de classe sont devenues la méthode de formation de disciples la plus efficace du méthodisme primitif, et peut-être la plus grande contribution structurelle de Wesley à la vie de sainteté. Si la société était le mode cognitif du discipulat, Henderson fait référence à la réunion de classe comme étant « le mode comportemental », mettant l'accent sur la conception pratique et l'environnement le mieux adapté à la transformation spirituelle.[125]

Le troisième niveau de conférence était la bande, qui facilitait ce que Henderson a appelé la « redirection affective ». Les groupes étaient de petits groupes de cinq à dix personnes, volontaires par nature, et destinés à des conversations spirituelles plus intimes entre ceux qui partageaient des affinités (âge, sexe, état civil). La nature plus intime des groupes autorisait à sonder les motifs, les attitudes, les points aveugles et les émotions. Henderson soutient que la bande était ce que Wesley préférait. Il était philosophiquement le plus proche de son expérience au Holy Club d'Oxford et, plus tard, de l'expérience des conversations étroites de la Fetter Lane Society de Londres.[126]

Les autres niveaux de conférence comprenaient les sociétés sélectives et les groupes de pénitents. La société sélective était le « mode de formation », réservé à un groupe exclusif d'hommes et de femmes considérés comme les leaders actuels et futurs du mouvement.[127]

La culture de mentorat des sociétés sélectives était cruciale pour fournir un flux régulier de dirigeants qualifiés à tous les niveaux du méthodisme. Wesley les considérait comme un groupe de réflexion chargé d'élaborer des stratégies pour les développements futurs au sein du mouvement. Contrairement à tout autre groupe de conférences, les sociétés sélectives n'avaient pas de dirigeant officiel ni d'ordre du jour fixe, si ce n'est de permettre l'apprentissage par les pairs et les conversations honnêtes. Wesley a continué à participer activement à une société restreinte jusqu'à au moins deux ans avant sa mort.[128]

Les groupes de pénitents fonctionnaient comme un « mode de réhabilitation », conçu pour ceux qui luttaient contre de graves problèmes personnels de dépendance ou d'autres domaines profondément ancrés de dysfonctionnement moral ou social dans leur vie.[129] L'alcoolisme, par exemple, était un fléau social dans l'Angleterre du 18e siècle et détruisait les familles dans des proportions épidémiques.[130] Les groupes se réunissaient souvent à des moments où les pénitents étaient le plus tentés de revenir à leur ancien style de vie, et ils obligeaient les participants à respecter un format strict de responsabilité et d'utilisation du temps. Plusieurs systèmes de rétablissement modernes, tels que les Alcooliques anonymes et Celebrate Recovery, ont bénéficié du modèle de groupe de pénitents de Wesley. Si tous les niveaux de conférences chrétiennes étaient un moyen de grâce vital pour les méthodistes de Wesley, la réunion de classe était le moteur du mouvement. À force d'essais et d'erreurs avec diverses formes de groupes, Wesley en est venu à croire que la réunion de classe était le cœur de la communauté chrétienne et qu'elle était essentielle à la croissance dans le caractère chrétien. Elle est devenue le système du méthodisme. Une fois qu'elle fut testée à fond par l'expérience et confirmée comme efficace pour produire des disciples féconds, Wesley implora ses disciples : « N'omettez jamais de réunir votre classe ou votre groupe. Ce sont les nerfs mêmes de notre société. Et tout ce qui affaiblit ou tend à affaiblir l'attention que nous leur portons, ou notre exactitude à les fréquenter, frappe à la racine même de notre communauté. »[131]

Les méthodes de formation des disciples de Wesley étaient très structurées et conçues systématiquement. Chaque société méthodiste était divisée en groupes plus petits, comptant jusqu'à douze personnes. Chaque classe se réunissait chaque semaine, avec un responsable désigné qui était chargé de donner une direction aux réunions de la classe et d'assurer le suivi pastoral de chacun de ses membres, en particulier des nouveaux croyants. Chaque membre de la société était tenu d'assister à une réunion de classe. S'il ne le faisait pas pendant un certain temps, il était expulsé de la société. Un paragraphe des Rules of the United Societies de Wesley, rédigé en 1744, décrit l'ordre du jour de chaque réunion de classe et la description du travail de chaque responsable :

> Pour qu'il soit plus facile de discerner s'ils travaillent effectivement à leur propre salut, chaque société est divisée en plus petites compagnies appelées « classes », selon leurs lieux de résidence respectifs. Chaque classe compte environ douze personnes, l'une d'entre elles est appelée le chef. Son rôle est le suivant : (1) de voir chaque personne de sa classe au moins une fois par semaine, afin de s'enquérir de la prospérité de son âme ; de la conseiller, de la réprouver, de la réconforter ou de l'exhorter, selon les besoins ; de recevoir ce qu'elle est prête à donner pour le soulagement des pauvres ; (2) de rencontrer le ministre et les intendants de la société une fois par semaine ; de payer aux intendants ce qu'ils ont reçu de leurs différentes classes la semaine précédente ; et de montrer leur compte de ce que chaque personne a contribué.[132]

À ce niveau, il convient de clarifier plusieurs points.

Premièrement, chaque classe était établie en fonction de l'endroit où vivait une personne et non en fonction de ses intérêts personnels, de son âge, de son sexe, de son statut social ou de son niveau de maturité spirituelle. Il s'agissait de petits groupes de voisinage issus de milieux et de capacités variés.

Deuxièmement, alors que Wesley utilisait le pronom masculin pour décrire le chef de groupe, les femmes servaient souvent de responsables des réunions de classe, y compris un certain nombre de femmes prédicatrices, une disposition atypique pour l'époque.[133]

Troisièmement, les personnes assistaient à la classe pour poser des questions concernant les progrès spirituels de chaque membre. Ils n'étaient pas là pour les études bibliques ou l'éducation chrétienne ; ces aspects incombaient aux sociétés. Ils étaient là pour poser la question : « Quel est l'état de votre âme ? » ou, comme les historiens l'ont récemment reformulé, « Comment va votre vie avec Dieu ? »[134]

Quatrièmement, on attendait de chaque personne qu'elle donne ce qu'elle pouvait pour soutenir les pauvres.[135] Les membres n'étaient pas autorisés à s'isoler des maux sociaux à l'extérieur de leurs murs. Au contraire, ils étaient appelés à la réponse éthique et compatissante qu'exigeait la sainteté du cœur et de la vie.[136] Ce faisant, ils ont également respecté les règles générales d'une association méthodiste. Les membres étaient appelés à « ne pas faire de mal ; à faire du bien aux corps et aux âmes de leurs voisins ; et à s'occuper des ordonnances de Dieu. »[137] Le responsable de classe devait ensuite assurer le suivi avec les responsables de la société pour donner un rapport complet de ce qui s'était passé lors de la réunion, communiquer les besoins spirituels des membres et remettre les fonds collectés pour les pauvres.

La réunion de classe était si centrale dans la vie méthodiste que la présence à cette réunion est restée une exigence formelle dans l'Église épiscopale méthodiste pendant plusieurs décennies.

Pendant un certain temps, les méthodistes ont délivré des tickets de réunion de classe aux gens tous les trimestres. Ils pouvaient utiliser ces billets pour être admis aux grands cultes.[138] Bien que la réunion de classe ait eu un impact significatif sur les méthodistes en Grande-Bretagne, ses plus grands résultats se sont manifestés dans le méthodisme américain. En 1776, les congrégationalistes, les épiscopaliens et les presbytériens dominaient la scène religieuse de l'Amérique coloniale, avec 55 % de tous les adhérents religieux. Les méthodistes, une toute petite secte en 1776, représentaient un minuscule 2,5 % de la vie religieuse coloniale, avec un maigre soixante-cinq églises. En 1850, tout juste sept décennies plus tard, les méthodistes étaient la plus grande dénomination des États-Unis avec 13 302 assemblées, représentant plus d'un tiers de tous les membres des églises américaines.[139]

De nombreux facteurs ont contribué à ce que Roger Finke et Rodney Stark ont appelé « l'ascension fulgurante du méthodisme. »[140] Deux des facteurs les plus importants sont l'esprit missionnaire des méthodistes pour briser les barrières socio-économiques et raciales[141], et la place prépondérante de la doctrine de l'entière sanctification dans la prédication, l'enseignement et l'expérience des gens.[142]

Néanmoins, les spécialistes s'accordent à dire que, sous ces facteurs du succès surprenant des méthodistes dans l'Amérique coloniale, et plus tard frontalière, se cache l'impact implicite des réunions de classe sur le laïcat méthodiste américain. Kevin Watson affirme : « [Parce que] chaque méthodiste de cette période était censé participer à une réunion de classe hebdomadaire, on peut affirmer que la réunion de classe était le facteur le plus important du premier méthodisme et de la rétention des convertis au sein du méthodisme. Les personnes qui étaient venues à la foi en Christ étaient immédiatement placées dans une réunion de classe, où on les aidait à grandir dans leur foi et où elles pouvaient apprendre à pratiquer leur foi. »[143] Watson poursuit en disant que Wesley estimait que « si la réunion de classe était menacée, alors la 'racine même' (expression de Wesley) était en danger ».[144]

Cette inquiétude était justifiée, et s'est avérée vraie. Bien qu'aucune époque précise ne puisse être identifiée, les historiens s'accordent à dire que les réunions de classe méthodistes aux États-Unis ont commencé leur déclin au milieu du 19e siècle.[145] Timothy Smith relève : « Les appels urgents des responsables du mouvement américain de la sainteté pour leur renaissance indiquent que dans de nombreuses assemblées *urbaines*, les réunions de classe étaient soit moribondes, soit éteintes. »[146]

Des facteurs contribuant au déclin de la réunion de classe ont été postulés, notamment la mobilité ascendante des membres du méthodisme, la vie plus active en milieu urbain et l'essor de l'école du dimanche.[147] La popularité de l'école du dimanche est un argument légitime pour expliquer l'atrophie de la réunion de classe. Le mouvement de l'école du dimanche, pour tout le bien qu'il a apporté, a commencé à remplacer la responsabilité de la réunion de classe par une éducation chrétienne basée sur l'information et dirigée par un enseignant. Phoebe Palmer a ajouté une nouvelle institution populaire au méthodisme urbain, la réunion du mardi en vue de la promotion de la sainteté. Elle commença à New York en 1836, mais au milieu du siècle, elle s'était répandue dans des centaines de villes à travers le pays, et la réunion de prière commença à supplanter la réunion de classe. Il y avait aussi les réunions de prière hebdomadaires des ministres dans les villes et l'expansion croissante de la réunion de camp à laquelle il fallait assister.[148] En bref, avec la pléthore d'options qu'offrait le mouvement américain de la sainteté, la réunion de classe est devenue facultative. Ce n'est pas une coïncidence si, alors que le méthodisme américain « commençait à prendre ses distances par rapport à la réunion de classe, sa croissance a également commencé à diminuer, puis à s'arrêter, et enfin à décliner. »[149]

Ce qui se passait dans la vie des gens dans l'atmosphère d'une réunion de classe était significatif. Supprimer un moyen de grâce primaire – par lequel les chrétiens wesleyens cultivaient leur recherche de la sainteté – sans le remplacer n'était pas sans conséquence. Le génie de l'organisation en petits groupes de Wesley en termes d'authenticité, de responsabilité, de soutien et d'attention reste une pièce manquante dans de nombreuses assemblées aujourd'hui. Les personnes s'épanouissent dans des réseaux de confiance et d'amour saint. L'objectif de la réunion de classe est vital pour soutenir les assemblées urbaines dans la tradition wesleyenne de la sainteté.

Les œuvres de miséricorde et les pauvres

L'accent mis par Wesley sur le ministère auprès des pauvres est bien documenté. Les réunions de classe recevaient régulièrement des offrandes en faveur des pauvres, comme un acte de compassion et une pratique de l'intendance chrétienne. Cependant, il est important de souligner que Wesley pensait que travailler avec et parmi les pauvres n'était pas seulement un acte de compassion, mais aussi un aspect nécessaire de la formation spirituelle de tout chrétien. Ainsi, il soutenait que vivre avec les pauvres est une œuvre de miséricorde et une œuvre de piété.

Wesley croyait que l'Évangile était une bonne nouvelle pour les pauvres. Il pratiquait la « visite aux pauvres comme une *discipline spirituelle*, et encourageait, en fait, insistait, pour que ses méthodistes fassent de même. »[150] Même en tant qu'homme âgé, Wesley risquait sa propre santé et son bien-être dans le froid de l'hiver, marchant dans la neige jusqu'aux chevilles pour aller publiquement mendier des fonds au nom de ceux qui souffrent.[151] Theodore Jennings précise : « Chaque aspect du méthodisme était soumis au critère suivant : comment cela va-t-il bénéficier aux pauvres ? »[152] Cependant, ce n'est pas seulement le souci du confort des pauvres qui motivait Wesley ; c'était d'une importance vitale pour lui car il ne voyait pas d'autre moyen de comprendre les pauvres ou de s'identifier à eux que d'être parmi eux.[153] Pour cette raison, Wesley pensait qu'il valait bien mieux « *porter* de l'aide aux pauvres plutôt que de l'*envoyer* », en raison de l'impact spirituel que cela aurait sur celui qui apportait l'aide.[154] Jennings affirme en outre que cette pratique régulière des visites n'était pas de la simple sympathie ou du sentimentalisme mais que, pour Wesley, « rendre visite aux pauvres, les malades et les prisonniers était un *moyen de grâce*, à classer au même rang que la prière privée et publique ou les sacrements eux-mêmes ».[155]

Randy Maddox fait remarquer que de nombreux auteurs contemporains sur la spiritualité wesleyenne considèrent les œuvres de miséricorde « principalement comme des moyens d'*exprimer* notre spiritualité et non comme des moyens de la *développer* ».[156] Ainsi, la compréhension de Wesley du ministère envers et avec les marginaux, les pauvres, les malades et les prisonniers était plus qu'une simple compassion ; en tant que moyen de grâce pour le chrétien, ce type de ministère est indispensable à la spiritualité wesleyenne. Ces actes de miséricorde deviennent les moyens par lesquels Dieu travaille à établir le caractère de sainteté dans le peuple de Dieu et à donner une croissance dans la grâce vers la récupération de l'image divine. Benefiel résume : « Pour que nous grandissions dans la ressemblance au Christ, comme Dieu l'a voulu, nous devons nous engager dans des activités par lesquelles la miséricorde de Dieu est transmise aux autres. »[157]

L'accent mis sur les pauvres comme moyen de la grâce a commencé à s'estomper à mesure que le méthodisme mûrissait après la mort de Wesley. Nathan Hatch observe que dans les années 1840, les méthodistes américains n'étaient pas seulement la plus grande dénomination protestante du pays, mais qu'à l'instar de leurs homologues presbytériens et congrégationalistes, ils avaient commencé leur propre voyage vers « l'inévitable attrait de la respectabilité. »[158] Ils ne sont plus la nouvelle secte marginalisée sur le sol américain ; les méthodistes sont devenus des hommes d'affaires, des banquiers, des politiciens et des éducateurs prospères. Les bâtiments des églises méthodistes ont commencé à changer pour s'adapter à la nouvelle situation financière aisée. Des orgues à tuyaux et des vitraux sont installés dans les sanctuaires méthodistes. Bientôt, la pratique de la location de bancs est apparue, ce qui était un moyen de collecter des fonds pour la congrégation afin de payer des installations élaborées, mais cela a également renforcé la ségrégation entre les membres méthodistes les plus prestigieux et les autres membres de l'église. Même l'enseignement de la doctrine de l'entière sanctification a commencé à diminuer pour faire place à des préoccupations éthiques plus progressistes.

Wesley était bien conscient du danger de la prospérité. Il reconnaissait que la vie de sainteté conduirait à une augmentation du statut social et de la prospérité économique. Lorsque les gens deviennent assidus, disciplinés, responsables et honnêtes, ils se distinguent de la masse, en particulier dans une société industrialisée, et la réussite matérielle suit aussitôt.[159] Les sociologues ont qualifié ce phénomène de rédemption et d'élévation.[160] Bien que Wesley ait prédit cette vulnérabilité, et bien qu'il ait prêché un certain nombre de sermons sur le pouvoir corrupteur des richesses, il était moins préoccupé par le fait que les méthodistes deviendraient riches que par le fait que dans leur élévation sociétale nouvellement trouvée, ils négligeraient leur appel aux pauvres.[161] Ses craintes se sont confirmées. Lentement, le raffinement croissant des méthodistes a commencé à les éloigner des personnes que le méthodisme initial avait pris soin d'inclure.

Le changement d'atmosphère ne passa pas inaperçu. Des méthodistes éminents commencèrent à dénoncer l'injustice. Dans un effort de ne pas perdre ce lien vital avec les pauvres, des dirigeants au franc-parler comme B. T. Roberts (des méthodistes libres), William Booth (de l'Armée du Salut) et, plus tard, Phineas Bresee ont commencé à appeler à une reprise de la vision originale pour les pauvres. Bresee a quitté une brillante carrière ecclésiastique pour revenir à sa passion du ministère auprès des pauvres. Les bâtiments de l'église nazaréenne et les tenues officielles ont été intentionnellement simplifiés pour que les pauvres se sentent accueillis et à l'aise. La passion de Bresee pour les pauvres était si vive qu'il écrivit aux premiers nazaréens : « La preuve de la présence de Jésus au milieu de nous est que nous portons l'Évangile, en particulier aux pauvres. »[162] Bien que l'attention que Bresee portait aux pauvres ait pu être partiellement influencée par l'eschatologie post-millénariste de son époque, il reconnaissait qu'il s'agissait d'un aspect nécessaire de la vraie religion et de la fidélité à la vie de disciple.

Donald Dayton soutient que, si le mouvement de Wesley en faveur des pauvres était au cœur de sa pratique chrétienne, il ne l'a pas fondé sur un dogme théologique confessionnel. Selon Dayton, les disciples de Wesley dans le mouvement américain de la sainteté « ont articulé plus clairement un fondement théologique pour l'option wesleyenne pour les pauvres et l'*ont rendue constitutive de l'Évangile.* »[163] Pour les dirigeants de la Sainteté américaine, « on ne peut connaître et servir Jésus-Christ sans amitié avec les pauvres ».[164]

Les actes de compassion qui servent les pauvres et les opprimés sont une partie importante de l'engagement dans le ministère d'incarnation du Christ et de l'avancement du royaume de Dieu. De plus, ce que Dieu accomplira dans ces interactions est aussi un moyen de la grâce pour chaque croyant. Le disciplat dans l'ecclésiologie wesleyenne de la sainteté dépend de la poursuite de la ressemblance au Christ et du ministère envers et avec les marginalisés. Ces pratiques de la vie chrétienne « ne sont pas simplement des devoirs, ce sont aussi des moyens gracieux que Dieu a mis à notre disposition pour nous libérer afin que nous devenions progressivement le genre de personnes que nous désirons vraiment être. »[165]

Une église pour la ville : *Kirche in Aktion* (Allemagne)

À quoi cela ressemblerait-il de voir le paradis sur terre ? C'est la question qui a alimenté le travail de *Kirche in Aktion* (français : Église en action), un réseau d'églises urbaines dans la région Rhin-Main en Allemagne. Le pasteur Philip Zimmermann a fondé la première congrégation KIA dans la ville de Mayence, en Allemagne, en 2008, et son frère, le pasteur Cris Zimmermann, l'a rejoint peu après. Il existe maintenant des congrégations KIA, ou ce qu'ils appellent des communautés du royaume, dans les villes voisines de Francfort, Offenbach, Darmstadt et Wiesbaden.

En tant que pasteurs de troisième génération, les pasteurs Philip et Cris sont passionnés par l'idée de voir le ciel se matérialiser dans leurs villes, mais ils sont également conscients des limites de l'église dans la culture allemande post-chrétienne. Il faut tellement d'efforts pour faire entrer quelqu'un dans un bâtiment d'église qu'ils ont commencé à se demander : à quoi cela ressemblerait-il si, au lieu de demander aux gens de venir à l'église, l'église allait là où sont les gens ? Chaque communauté du royaume a commencé et continue à pratiquer un culte régulier dans un lieu public tel qu'un restaurant, un café, un bar, un théâtre ou une maison de retraite.

Mais le pasteur Philip vous dira que l'élément le plus important des églises KIA consiste en les Communautés en Mission. Ce sont des groupes de huit à douze personnes qui se réunissent une fois par semaine, alternant entre une étude biblique une semaine et un service ensemble la semaine suivante. Chaque congrégation communautaire du royaume KIA est composée de plusieurs communautés en mission, chacune se consacrant à un domaine spécifique dans lequel elle sert et développe des relations. Qu'elles passent du temps dans des maisons closes, des camps de réfugiés, des maisons de repos ou des campements de sans-abri, l'accent est davantage mis sur la présence et la solidarité que sur la réparation.

Le plus intéressant dans ces groupes, c'est qu'ils sont ouverts à tous ceux qui veulent s'y joindre et sont souvent le premier point d'entrée des nouveaux arrivants. Ceux qui sont à la recherche d'une vie pleine de sens sont désireux de rejoindre une cause qui répond aux besoins sociaux de leur communauté. Ils reçoivent une invitation non seulement à travailler, mais aussi à entrer dans une communauté de relations, de conversations et de convictions. Il existe maintenant d'innombrables histoires d'individus transformés par Jésus alors qu'ils cherchent à participer à la transformation de leur ville.

En fait, ces groupes sont tellement fondateurs et transformateurs que les pasteurs de KIA se sont engagés à lancer et à soutenir mille Communautés en Mission au cours de la deuxième décennie de l'église, afin que dix mille personnes puissent s'engager dans le ciel sur terre chaque semaine. Ils ont également établi des partenariats et des possibilités de formation pour les églises urbaines en dehors de l'Allemagne, en particulier aux États-Unis.

« Mon espoir », déclare le pasteur Philip, « est que chaque chrétien soit capable de connaître la réponse à ces deux questions : *Vers* qui suis-je envoyé ? Et *avec* qui suis-je envoyé ? » C'est, dit-il, ce qui distingue l'église de Jésus-Christ de l'entreprise sociale ou de l'agenda politique : nous sommes des personnes qui rejoignent la mission de Dieu, ensemble.

Réflexion ou discussion

1. Parmi les caractéristiques distinctives wesleyennes de la sainteté discutées dans ce chapitre, lesquelles ont été mises en valeur dans votre propre expérience ecclésiale ? Y en a-t-il qui n'ont pas été évoquées ?
2. Pouvez-vous imaginer une structure pour le système de groupes de John Wesley pour l'enseignement, les pratiques et la responsabilité pour aujourd'hui ? Il avait aussi des groupes pour le développement du leadership et la relance active. À quoi ressembleraient ces types de groupes dans votre contexte ?
3. John Wesley croyait fermement et enseignait que la grâce était suffisamment puissante pour transformer les individus, à condition qu'ils s'engagent et participent activement aux moyens de la grâce. Comment avez-vous constaté que cela était vrai dans votre propre vie ou dans celle d'autres personnes ?

Pratique en ville :
Passez du temps au milieu des pauvres

Il est difficile de prendre des décisions qui profitent aux pauvres, comme Wesley a encouragé ses méthodistes à faire, si nous ne connaissons personne qui vit dans la pauvreté. Cette semaine, faites un effort pour passer du temps parmi ceux qui ont une expérience de la pauvreté. Pensez à visiter un refuge pour sans-abri, un centre de jour pour adultes handicapés, le palais de justice ou la prison du comté, ou encore un ministère de rétablissement. Si vous connaissez une personne liée à l'une de ces communautés, demandez-lui de vous permettre de la suivre lors de ses visites régulières. Pendant que vous êtes là, rappelez-vous que votre tâche n'est pas de réparer mais d'apprendre. À quoi ressemble une bonne nouvelle pour ces voisins ? Comment peuvent-ils connaître la liberté ? Réfléchissez à l'opportunité ou à la manière d'intégrer cette pratique à vos habitudes.

5
FONDEMENTS SCRIPTURAIRES

Dans les études bibliques récentes, on a beaucoup écrit sur l'importance des genres littéraires et de leur fonction rhétorique. Le « genre » se réfère à la forme de la littérature ; la « fonction rhétorique » se réfère à la façon dont le genre est destiné à être utilisé littérairement, ou « ce qu'un genre particulier est destiné à créer dans le processus de lecture. »[166] Par exemple, dans le genre littéraire des lettres, l'objectif d'une lettre de démission est différent (fonction rhétorique) de celui d'une lettre de recommandation. Il existe différentes formes de lettres ayant diverses fonctions rhétoriques, y compris des formes à l'intérieur d'une même forme. Un journal est une forme de littérature qui a des objectifs rhétoriques distincts et séparés dans ses pages. On y trouve des titres et des éditoriaux, des nécrologies et des résultats de concours, des mots croisés et des bulletins météo. Bien qu'ils appartiennent tous à la forme (genre) du journal, ces formes au sein de la forme ont des fonctions différentes, et chacune doit être lue à la lumière de son objectif spécifique.

Lire les genres littéraires de l'Écriture en tenant compte de la forme et de la fonction permet de garantir l'exactitude exégétique. Les Articles de foi nazaréens affirment que les soixante-six livres des Écritures chrétiennes sont « donnés par inspiration divine, révélant de manière inerrante la volonté de Dieu à notre égard dans toutes les choses nécessaires à notre salut ».[167] Cependant, les formes que prend l'Écriture pour exprimer son objectif de révéler la volonté de Dieu sont riches et variées. Il y a les récits et les poèmes, les documents historiques et les généalogies, la loi et la sagesse, les chants et les lettres, les prophètes et les évangiles. Et il existe aussi des formes dans les formes. Prenez le livre des Psaumes, par exemple : il contient des psaumes d'actions de grâces, de lamentation, d'ascension et des psaumes royaux. Tous ces psaumes constituent le Psautier, mais ils revêtent des fonctions rhétoriques différentes destinées à susciter des réponses différentes chez l'auditeur ou le lecteur. Lire un psaume de lamentation avec le même esprit littéraire qu'un psaume d'actions de grâces reviendrait à passer à côté de la puissance de l'intention de la Parole inspirée. Tout comme les mots, les formes comptent.

Dans ce chapitre, nous examinerons la forme et la fonction particulières d'un texte de l'Écriture hébraïque. Bien qu'il ne s'agisse pas d'un passage traitant spécifiquement de la vie urbaine *en soi*, il offre le cadre de ce que Dieu a prévu pour la vie en communauté et, en tant que tel, il fonctionne comme une vision pour les églises dans la ville.

Esaïe 11 :
un paradigme pour les églises dans les contextes urbains[168]

> Un rameau sort du vieux tronc de Jessé,
> une nouvelle pousse sort de ses racines.
> L'Esprit du Seigneur est sans cesse avec lui,
> l'Esprit qui donne la sagesse et le discernement,
> l'aptitude à décider et la vaillance,
> l'Esprit qui fait connaître le Seigneur et enseigne à l'honorer.
> Il lui inspirera d'honorer le Seigneur.
>
> Il ne jugera pas selon les apparences,
> il ne décidera rien d'après des racontars.
> Mais il rendra justice aux défavorisés,
> il sera juste pour les pauvres du pays.
> Sa parole, comme un bâton, frappera le pays,
> sa sentence fera mourir le méchant.
>
> La justice et la fidélité seront pour lui comme deux ceintures
> qu'on porte toujours autour des reins.
> Alors le loup séjournera avec l'agneau,
> la panthère se couchera près du chevreau.
> Le veau et le lionceau se nourriront ensemble
> et un petit garçon les conduira.
> La vache et l'ourse se lieront d'amitié,
> leurs petits seront couchés côte à côte.
> Le lion, comme le bœuf, mangera du fourrage.
> Le nourrisson jouera sur le nid du serpent,

et le petit garçon pourra mettre la main dans
la cachette de la vipère.

On ne commettra ni mal ni destruction sur toute la montagne
qui appartient au Seigneur, car la connaissance du Seigneur
remplira la terre tout comme les eaux recouvrent le fond des mers.

Ce jour-là, le descendant de Jessé sera comme un signal dressé pour
les peuples du monde. Ils viendront le consulter. Et du lieu où il
s'établira rayonnera la gloire de Dieu.

(Ésaïe 11 : 1-10)

La forme littéraire d'Ésaïe 11 contient à la fois des éléments prophétiques et apocalyptiques. La littérature prophétique est plus qu'une prévision ou une prédiction ; elle est un récit et une déclaration. Cette connaissance est d'une importance vitale pour comprendre que la littérature apocalyptique consiste en bien plus que de simples projections sur la fin des temps. James K. A. Smith note que le but de la littérature apocalyptique est de « dévoiler les réalités qui nous entourent pour ce qu'elles sont vraiment ».[169] De même, Eugene Peterson suggère que « la tâche de l'imagination apocalyptique est de fournir des images qui nous montrent ce qui se passe dans nos vies » avec le pouvoir de « nous réveiller » à ce qui est peut-être caché mais très réel.[170]

Avec ces objectifs en tête, la double fonction rhétorique des genres prophétique et apocalyptique est d'offrir un espoir pour l'avenir et de servir de paradigme pour vivre aujourd'hui. Il ne nie pas la réalité des choses telles qu'elles sont, mais il regarde avec espoir vers ce qu'elles seront. Les théologiens bibliques ont décrit ce point de vue apocalyptique comme le royaume de Dieu,[171] déjà et pas encore. Il s'agit d'un appel à une manière particulière pour le peuple de Dieu d'organiser sa vie aujourd'hui, conformément à la manière dont Dieu fera en sorte que toutes les choses soient un jour. Jésus a enseigné à ses disciples à prier : « que ton règne vienne ; que ta volonté soit faite sur la terre comme dans les cieux. » (Matthieu 6 :10). Pour paraphraser, la vie que la communauté chrétienne vit actuellement est un avant-goût du ciel sur terre.

Le mot grec *eschaton* signifie « les dernières choses » ou « la fin des temps » ou « le point culminant de l'histoire ».[172] Un chrétien est donc quelqu'un qui vit aujourd'hui en fonction de ce qu'il sait être vrai demain. Il s'agit d'une conception wesleyenne de la vie eschatologique qui est caractéristique de la sainteté. L'apôtre Paul fait allusion à ce type d'attitude au début de son épître aux Éphésiens (1, 13-14). En tant qu'enfants de Dieu, nous avons reçu un riche héritage à la lumière duquel nous pouvons vivre aujourd'hui. La base de cette espérance n'est pas seulement une projection dans le futur, mais l'*arrabon* – l'acompte – un avant-goût du ciel qui peut être expérimenté maintenant. « Ainsi, l'Église dotée de l'Esprit se tient dans l'âge présent comme un signe de ce qui est à venir, préfigurant déjà la rédemption qu'elle attend. »[173]

Réfléchissant à ce concept, Alan Hirsch propose que le leadership spirituel dans le royaume déjà et pas encore signifie que nous devons apprendre à « gérer à partir du futur. »[174] Hirsch poursuit : « Cela signifie que nous devons nous placer dans le nouvel avenir, puis prendre une série de mesures, non pas pour y arriver un jour, mais comme si nous y étions, ou presque, maintenant.......................... Nous sommes appelés à agir dans la connaissance de ce qui est déjà là *maintenant* et qui sera pourtant achevé *alors*. »[175]

Ces aspects fondamentaux de la fonction littéraire d'Ésaïe 11 étant définis, plusieurs éléments communautaires clés de la vision prophétique éclairent une approche de la tradition wesleyenne de la sainteté du ministère dans le contexte urbain. La vision prophétique d'Ésaïe est une représentation de l'intention parfaite de Dieu en ce qui concerne la vie dans la communauté chrétienne, une description ecclésiologique de la fonction actuelle de l'Église. La nature symbolique du langage apocalyptique signifie que le langage utilisé est de la poésie et non de la prose. Cela ne signifie pas que les symboles ne traduisent pas la réalité. Le symbolisme apocalyptique « indique la réalité actuelle, bien que transcendante, de sorte que le langage peut être appelé 'non-littéralisme littéral.'[176] » De plus, le langage apocalyptique utilise « des animaux, des couleurs, des nombres et d'autres entités du quotidien » pour « revêtir une valeur symbolique... pour exprimer ce qui est quasi inexprimable. »[177]

Ésaïe 11 est un prototype de ce que l'Église est appelée à être et à faire. Les animaux nommés (léopards, chevreaux, bœufs, lionceaux et agneaux) peuvent être considérés comme des métaphores du peuple de Dieu. La vision messianique est une description vivante de ce à quoi ressemblera la nouvelle création parfaite de Dieu lorsque le monde entier sera placé sous le règne de Jésus-Christ, le rameau fécond sorti du vieux tronc de Jessé. Ce passage prophétique fait fonction de rhétorique et offre de l'espoir parce qu'il nous dit ce qui sera dans la nouvelle création de Dieu. Il a également une fonction rhétorique de paradigme, car il nous invite à organiser notre vie aujourd'hui dans la communauté chrétienne par rapport à la manière dont les choses seront un jour pour le monde entier.

La vision d'Ésaïe d'un « royaume pacifique »[178] est un instantané convaincant de ce à quoi ressemblent le *shalom*, la paix, la plénitude et l'intégrité de Dieu lorsque le royaume de Dieu commence à s'imposer. Il est important de noter que le *shalom* n'est pas simplement un état de bien-être personnel ; le *shalom* est un concept d'entreprise : « Il décrit une communauté, et pas simplement le bien-être intérieur d'un individu ou d'un petit groupe de personnes. Le *Shalom* saisit le bien-être d'une société entière.[179] » Cela se reflète dans l'appel de Dieu à travers Jérémie à travailler pour le *shalom* de la ville de Babylone (Jérémie 29 :7). Le *Shalom* ne peut être privatisé ; il est totalement public.

Certains prétendent que la vision d'Ésaïe n'est qu'une description de ce que sera le ciel, car ce n'est pas la façon dont le monde actuel fonctionne. Les loups ne vivent pas avec les agneaux ; les léopards ne se couchent pas avec les chevreaux ; les veaux, les lionceaux et les enfants d'un an ne coexistent pas ensemble. En fait, les agneaux sont dévorés alors que les loups grossissent. Cependant, si cette vision scripturaire est destinée à servir de paradigme pour la manière dont nous devons construire nos vies en tant qu'église aujourd'hui, elle constitue un magnifique portrait de la manière dont Dieu désire que la vie soit partagée parmi et à travers son peuple.

Sans être de nature exclusivement urbaine, la décision de Jésus d'aligner son ministère sur les déclarations jubilaires d'Ésaïe 61 indique son engagement à apporter le royaume de Dieu sur terre. Ce royaume, qui est la communauté de *shalom* en action, « entraînera dans son sillage un grand renversement dans lequel la pauvreté et les systèmes de domination seront éliminés et l'humanité deviendra tout ce que Dieu a voulu qu'elle soit. »[180] L'église est le signe et le symbole que le royaume de Dieu fait irruption dans le monde (ce que l'on appelle « l'eschatologie inaugurée »).[181] De cette manière, l'Église devient à la fois parole et témoignage pour un monde incroyant. Si l'Église doit progresser vers la vision d'Isaïe, il existe au moins quatre valeurs ecclésiales qui doivent exister pour que ce rêve communautaire devienne une réalité dans la ville.

Diversité inclusive

Avec Ésaïe 11 comme cadre, la première valeur ecclésiale des communautés urbaines wesleyennes de la sainteté est la diversité inclusive, c'est-à-dire le rassemblement de personnes différentes malgré leurs différences. Le contraire de la diversité inclusive est la sélectivité exclusive. Lorsqu'un lieu est exclusif, comme les country clubs et les communautés résidentielles fermées, cela signifie que seuls certains types de personnes sont les bienvenus. Les lieux exclusifs sont restreints par leur conception et beaucoup, sinon la plupart, exigent que les gens aient des antécédents socio-économiques et des intérêts similaires. Les gens adhèrent à des clubs et vivent dans des communautés fermées parce qu'ils veulent choisir le type d'amis et de voisins qu'ils auront.

Une conception de l'Église fondée sur Ésaïe 11 est à l'opposé de la sélectivité exclusive. Dans la vision, il n'est demandé à aucun animal de devenir comme son opposé. L'environnement social d'Ésaïe 11 offre une étreinte chaleureuse à chaque personne et n'insiste pas pour que chacun soit, pense ou agisse de la même manière. Certains partisans du mouvement de croissance des églises suggèrent que, pour que les églises se développent, les assemblées doivent se constituer en unités homogènes. Dans son ouvrage *Understanding Church Growth*, Donald McGavran définit une unité homogène comme « une section de la société dont tous les membres ont une caractéristique en commun ».[182]

Si l'évaluation de McGavran peut être sociologiquement plus simple, elle ne constitue pas une image biblique de la communauté chrétienne. Au fur et à mesure que les gens viennent à la foi en Christ et sont engagés dans la voie de la ressemblance avec Christ, ils doivent être intégrés dans la vie d'un corps diversifié de Christ qui ne sera pas homogène. Oublier ce principe fondamental du royaume peut rapidement conduire à un tribalisme myope et à la ségrégation raciale. Soong-Chan Rah explique :

> Le principe de l'unité homogène produit une ségrégation qui aggrave les conflits raciaux et l'aliénation. L'adhésion aveugle au principe de l'unité homogène a donc donné naissance à un évangélisme américain incapable de faire face à la réalité d'un pluralisme culturel et d'une hétérogénéité ethnique croissants. *De facto*, la ségrégation perpétuée par le mouvement de croissance de l'Église a entraîné une privation des droits des non-Blancs dans le

mouvement évangélique plus large, car les valeurs occidentales et blanches de la réussite ont façonné la perception de la réussite par l'évangélisme américain. Le mouvement de croissance des églises a eu pour fonction d'approfondir la définition de l'évangélisme américain par la culture occidentale et blanche.[183]

Si l'on veut que les églises soient efficaces, en particulier dans le contexte urbain, il faut rejeter le principe de l'unité homogène. Les recherches de Soong-Chan Rah indiquent que moins de 4 % des assemblées chrétiennes sont intégrées sur le plan racial.[184] Il y a encore beaucoup de travail à faire, mais la vision d'Ésaïe est claire : les communautés qui reflètent le royaume de Dieu chérissent l'inclusivité. Dallas Willard affirme clairement que « le but de Dieu dans l'histoire de l'humanité est la création d'une communauté inclusive de personnes aimantes, dont il est le premier soutien et le plus glorieux habitant ».[185]

Ésaïe 11 ne promeut pas l'homogénéité. Léopards, chèvres, bœufs, ours, cobras et enfants coexistent pacifiquement (v. 6-9). Cet instantané du royaume de Dieu fait tomber toutes les barrières potentielles à la communauté chrétienne – y compris le sexe, la classe, la race, l'âge, l'économie et la personnalité. Cette communauté inclusive n'exige pas que chacun soit analogue pour être aimé et accepté ; elle n'exige pas non plus que les gens changent leurs forces essentielles et leurs talents naturels pour s'intégrer. Les lions restent des lions ; les agneaux restent des agneaux. Cette communauté célèbre la diversité et apprend à vivre ensemble sans dévaloriser ou détruire les autres membres de la communauté.

Un refuge sûr

La deuxième valeur ecclésiale des communautés urbaines de la tradition wesleyenne de la sainteté est le refuge sûr. Les communautés du Royaume doivent être des lieux de protection spirituelle, émotionnelle et physique qui favorisent le *shalom*. Si une personne visitait un zoo et voyait un panneau indiquant « Enclos d'agneaux et de lionceaux », il n'y aurait pas d'agneaux et plusieurs lionceaux en excès de poids. Les théories darwiniennes de l'évolution biologique affirment que les forts deviennent plus forts et que les faibles sont mangés. Tel est l'environnement culturel dans lequel nous vivons. Cependant, pour que les communautés urbaines soient chrétiennes, elles doivent être fondées sur des relations où les instincts naturels cèdent la place à de nouveaux désirs. Les communautés chrétiennes doivent apprendre de nouvelles façons de vivre ensemble, sans blesser ou nuire intentionnellement à l'autre.

Les personnes qui se ressemblent à des lions apprennent, par la puissance du Saint-Esprit, à vivre sans avoir le goût du sang dans la bouche. Ils commencent à utiliser leur personnalité naturellement puissante pour renforcer et consolider la communauté, plutôt que pour la détruire ou la diviser. Dans une allusion pas si subtile à la nouvelle création, Ésaïe dit que « Le lion, comme le bœuf, mangera du fourrage. » (11 :7). Cette communauté du peuple de Dieu est un lieu où les lionceaux deviennent dignes de confiance, où les agneaux sont protégés et où de nouveaux modes de coexistence sont explorés pour maintenir la vie ensemble sans s'enlever la vie les uns aux autres. Mildred Wynkoop décrit la nature de la sécurité que procure l'*agapè* dans la communauté chrétienne : « La communion de bonne volonté et l'absence de vindicte et d'intrigues sournoises dans une communauté de personnes dont les tempéraments, les idéaux, les objectifs et les préjugés culturels sont fortement opposés les uns aux autres, est le genre de chose qui est étonnant et séduisant. »[186]

L'utilisation du pouvoir est un élément essentiel pour devenir une communauté sûre. Tout pouvoir doit être exercé pour le bien de la communauté. Robert Linthicum définit le pouvoir comme « l'aptitude, la capacité et la volonté d'une personne, d'un groupe de personnes ou d'une institution à agir. »[187] L'aptitude, la capacité et la volonté d'agir sont constructives ou destructives selon la façon dont elles sont utilisées. Linthicum suggère qu'il existe deux types essentiels de pouvoir : unilatéral et relationnel.[188] Le pouvoir unilatéral est un pouvoir sur une autre personne ou un groupe de personnes et, s'il n'est pas maîtrisé, il peut rapidement dégénérer en un pouvoir de domination exercé par la force et la peur. Le pouvoir relationnel n'est pas un pouvoir *sur* une autre personne ; c'est un pouvoir *avec* une autre personne qui est à la fois mutuel et réciproque. Le fondement du pouvoir relationnel repose sur le respect, la croyance en la dignité fondamentale de l'autre, et la conviction royale que chaque personne a quelque chose à offrir à la communauté. Donald Dayton fait allusion à un égalitarisme wesleyen qui considère l'expiation comme étant pour tous, sans distinction de statut ou de classe. Dayton affirme que si cela n'était pas vrai, alors, comme Wesley l'avait prévenu : « le caractère de la grâce pourrait être en jeu. »[189]

Dietrich Bonhoeffer s'est confronté à la préoccupation du pouvoir lorsqu'il a écrit : « Chaque communauté chrétienne doit réaliser que non seulement les faibles ont besoin des forts, mais aussi que les forts ne peuvent exister sans les faibles. L'élimination du faible est la mort de la communion. »[190] Cette conception de la communauté chrétienne encourage une sorte d'interdépendance où la justice est mesurée par le pouvoir donné au plus faible dans la communauté. L'ecclésiologie wesleyenne soutient que les forts ont besoin des faibles et que les faibles ont besoin des forts. Wesley insistait sur le fait que « la vraie religion ne va pas du fort au faible, mais du faible au fort ».[191] Lorsque le pouvoir est mutuel et réciproque, il se répercute sur l'ensemble. Le ministère dans le contexte urbain sera le modèle de cette interdépendance dans le corps de Christ.

Transformation authentique de la vie

La troisième valeur ecclésiale des communautés urbaines de la tradition wesleyenne de la sainteté reflétée dans Ésaïe 11 est la transformation authentique de la vie. Quel que soit le désir d'une église d'être inclusive et sûre, cela ne peut se produire que si ses membres sont véritablement transformés. La transformation, au sens chrétien du terme, n'est pas la métamorphose des lions en agneaux, mais une transformation spirituelle de chaque personne à la ressemblance du Christ. C'est un changement de nature, non pas à partir de l'essence de ce qu'est une personne, mais en prenant les meilleurs aspects de ce qu'elle est, donnés par Dieu, et en les sanctifiant pour les besoins du royaume.

Pour développer davantage la métaphore d'Ésaïe, chaque fois que les lionceaux perdent le goût du sang dans leur bouche, ils ont besoin d'une réorientation majeure de leur vie. Cette réorientation peut être expliquée comme rien de moins que la conversion et la nouveauté de vie. C'est la différence entre être *seulement* un lion et être un lion centré sur le Christ et rempli de l'Esprit que Dieu peut utiliser pour sa gloire. Dans une analyse puissante de l'improbable ascension de l'église primitive, Alan Kreider soutient que :

> Les communautés chrétiennes s'efforçaient de transformer l'habitus des candidats à l'adhésion, en modifiant leur câblage, voire en tentant un recâblage de plus grande envergure – par deux moyens : la catéchèse, qui réhabituait le comportement des candidats par le biais de l'enseignement et de la relation (apprentissage) ; et le culte, l'acte contre-formatif ultime des

communautés, dans lequel le nouvel habitus était mis en œuvre et exprimé avec une éloquence corporelle. Les communautés étaient capables de tenter ce recâblage parce que quelque chose s'était produit dans la vie des candidats.[192]

La description par Kreider de la manière dont les catéchumènes[193] étaient transformés en disciples indique que la réhabituation des comportements et la contre-forme corporelle du culte chrétien dépendaient toutes deux du fait qu'une véritable conversion avait eu lieu dans le cœur des premiers chrétiens. Ce n'est que par des transformations personnelles, individuelles, qu'une communauté chrétienne collective peut être formée.

Il y a une grande différence entre une collection d'individus et une communauté de foi. La transformation de la vie est en définitive le facteur de distinction entre une communauté ordinaire et une communauté chrétienne. Si cette transformation implique une activité à la fois divine et humaine, elle procède d'abord et avant tout du cœur de Dieu. Tod Bolsinger pourrait difficilement être plus précis lorsqu'il affirme que « *l'essence* de Dieu est l'amour partagé par les Personnes de la Trinité, démontré en Jésus-Christ et déversé dans nos cœurs par le Saint-Esprit – et cet amour, lorsqu'il est exprimé par la communion des croyants, transforme. »[194] La transformation authentique de la vie dans des communautés de foi urbaines spécifiques précédera la transformation authentique des communautés urbaines dans leur ensemble.

Guérison et plénitude

La quatrième valeur ecclésiale des communautés urbaines de la tradition wesleyenne de la sainteté implicite dans Ésaïe 11 est la guérison et la plénitude. La réalité du symbolisme d'Ésaïe montre qu'il y aura beaucoup de lionceaux et d'agneaux qui entreront dans l'église avec des blessures profondes, des ruptures et un besoin désespéré de guérison et de plénitude. Toutes ces blessures ne leur seront pas infligées par d'autres ; certaines seront les conséquences auto-infligées de mauvaises décisions et de mauvais choix. Quelle que soit l'origine de ces blessures, tous ont besoin d'une communauté accueillante qui les entourera de sa grâce et leur offrira l'espoir dans leur désespoir.

La transformation des personnes comprend un élément très réel de guérison. En fin de compte, le *shalom* est autant le bien-être que le salut, et le salut est plus que le pardon ; c'est la liberté de commencer le voyage vers la plénitude. Cette idée n'est pas un faux triomphalisme qui ignore les luttes et les souffrances authentiques des gens. Les villes sont remplies de personnes qui luttent contre des dépendances dévorantes et des ruptures débilitantes. Il n'y a pas de place dans le contexte urbain pour des attitudes de supériorité, de fierté idéologique ou de platitudes suffisantes sur les victoires spirituelles. Au contraire, le voyage vers la plénitude commence par la confrontation avec la lutte personnelle et les maux systémiques qui contribuent à la rupture des personnes et de la société. Soong-Chan Rah observe que « la tendance à considérer le travail holistique de l'église comme l'action des privilégiés envers les marginalisés fait souvent dérailler le véritable travail de guérison communautaire. Le ministère dans le contexte urbain, les actes de justice et la réconciliation raciale exigent un engagement plus profond avec l'autre, un engagement qui reconnaît la souffrance plutôt que de l'occulter. »[195] La théologie wesleyenne de la sainteté peut aider à équilibrer le triomphalisme de l'Évangile de la prospérité et le culte du succès par le correctif nécessaire apporté par les histoires de lutte et d'amis souffrants.[196]

Les ruptures et les comportements destructeurs sont souvent le résultat de l'isolement d'une communauté bienveillante. Bonhoeffer nous rappelle que « le péché exige que l'homme soit seul. Il le retire de la communauté. Plus une personne est isolée, plus le pouvoir du péché sera destructeur sur elle, et plus elle s'y implique profondément, plus son isolement est désastreux. »[197] Dans la solitude de la vie urbaine, les communautés de la tradition wesleyenne de la sainteté invitent les gens à des relations responsables où ils peuvent être sauvés des eaux dangereuses de l'isolement et amenés dans le flux de guérison de la grâce. L'église remplit sa mission lorsqu'elle est un hôpital pour les pécheurs, et non un musée pour les saints. L'histoire des premiers chrétiens indique que les personnes extérieures à la *koinonia* étaient attirées par la manière dont les chrétiens s'aimaient docilement les uns les autres, comme Jésus leur avait ordonné de le faire avant sa mort (Jean 13 :34). « Il reste vrai aujourd'hui que beaucoup de gens comprennent l'Évangile par ce qu'ils voient dans les communautés ecclésiales. Là où il y a de l'amour pour Dieu et pour les autres, l'évangile est une réalité incarnée." Là où il y a de l'amour pour Dieu et pour les autres, l'Évangile est une réalité incarnée. »[198]

La communauté chrétienne

Les quatre aspects de la communauté chrétienne présentés dans la vision d'Ésaïe sont un instantané du royaume de Dieu, déjà, mais pas encore. La diversité inclusive, le refuge sûr, la transformation de la vie et la communauté de guérison sont les graines du paradis sur terre. Cette vision n'est pas possible grâce à l'ingéniosité et aux efforts de l'homme. Ésaïe prophétise qu'elle n'est possible que parce que Dieu a suscité « le descendant de Jessé » (11 :10), fournissant la grâce qui permet de vivre de cette manière. La prophétie messianique annonce que Jésus de Nazareth est le rameau qui fait émerger la vie nouvelle de la mort.

La vie de la Trinité crée, soutient et renouvelle cette communauté et ses membres de plus en plus à la ressemblance du nouvel Adam. Alan Roxburgh et Fred Romanuk déclarent : « Celui qui nous rencontre en Jésus est le Dieu qui est relation en tant que Père, Fils et Esprit. Dieu a appelé à l'existence une création qui reflète la nature de Dieu. Dans le Nouveau Testament et dans l'Église primitive, cela signifiait former un peuple dans une nouvelle communauté qui reflétait dans sa vie commune la nature de Dieu. L'Eglise était le signe, le témoin et l'avant-goût de la vie de Dieu dans l'avenir de toute la création. »[199]

La tâche des implanteurs d'églises et des pasteurs de l'Église de la tradition wesleyenne de la sainteté consiste à inviter le peuple de Dieu à vivre dans la nouvelle création de Dieu en indiquant la vision, en modelant le style de vie et en « cultivant un environnement dans lequel cette relationnalité du royaume peut être expérimentée. »[200] La vision eschatologique d'Ésaïe nous enseigne que les êtres humains sont des créatures façonnées par l'espérance, ce qui signifie que la manière dont nous vivons aujourd'hui est entièrement façonnée par ce que nous croyons de notre avenir. « L'avenir de Dieu n'est pas dans un plan ou une stratégie que [l'on] introduit ; il est *au sein* du peuple de Dieu. »[201] Cet avenir plein d'espoir doit s'aligner sur une ecclésiologie de la tradition wesleyenne de la sainteté pour la ville.

Une église pour la ville : L'Église du Nazaréen Bronx Bethany (New York)

Au début des années 1960, un petit groupe de ressortissants jamaïcains a émigré aux États-Unis et s'est installé dans le Bronx à New York. Ils ont cherché une église où ils pourraient pratiquer leur culte avec une théologie et une liturgie familière, mais ont été rejetés en tant que membres à cause de leur race. Ils ont fini par former leur propre assemblée, et sur la recommandation de leur premier pasteur, le révérend V. Seymour Cole, ils ont rejoint l'Église du Nazaréen en 1964. En 2000, le révérend Samuel Vassel est venu de Jamaïque pour servir en tant que deuxième pasteur, ce qu'il a fait jusqu'à ce qu'il soit élu pour servir la ville de New York en tant que surintendant de district dans l'Église du Nazaréen.

Aujourd'hui, plus de cinquante ans plus tard, l'assemblée est dirigée par son troisième pasteur seulement, le révérend Richard Griffiths, qui a lui-même été élevé dans l'église de Bronx Bethany. En tant qu'Américain d'origine jamaïcaine ayant immigré avec sa famille à l'âge de cinq ans, le pasteur Rich est dans une position unique pour enseigner aux gens, comme il le dit, comment vivre à Babylone, tout en dirigeant les gens dans le ministère *envers* Babylone.

Au début de l'histoire de l'église, ils ont acquis un bâtiment sur East 227th Street, près de l'endroit où vivaient de nombreux membres fondateurs. Le Révérend Cole, le pasteur fondateur, a pris au sérieux le rôle de l'église dans le quartier, en aidant à lancer la 47th Precinct Clergy Coalition afin d'améliorer les relations entre le quartier et les forces de l'ordre. L'un des plus grands projets de logement de la ville se trouve à un pâté de maisons de l'église. Les cycles familiers de la pauvreté et de la criminalité ont perpétué la méfiance et la violence dans le quartier, poussant de nombreuses familles jamaïcaines, membres fondateurs de l'église, à déménager dans des quartiers de banlieue au fur et à mesure de leur ascension sociale. Ayant la possibilité de déménager, l'église a choisi de rester dans le quartier avec l'intention d'être une force de changement.

En 2005, les pasteurs Publio et Martha Fajardo ont rejoint Bronx Bethany en tant que pasteurs de la communauté latino croissante qui entoure l'église. Étant eux-mêmes des immigrants colombiens, ils ont travaillé dur pour développer des relations entre les nombreuses cultures hispanophones présentes dans le quartier. Dirigés par le pasteur Martha depuis le décès de son mari, le service de culte et le ministère latino ont connu une croissance lente et régulière au cours des quinze dernières années, et ils constituent maintenant une partie importante de l'église de Bronx Bethany.

Mais il n'est pas facile d'apporter l'unité parmi des gens qui viennent de cultures, de langues et d'expériences de vie si différentes. Bien que Bronx Bethany soit née de l'expérience de ses fondateurs en matière de sectarisme et d'exclusion, le pasteur Rich admet que les gens ne sont pas toujours conscients de la façon dont leur propre culture peut être discriminatoire envers une autre.

Il s'efforce d'unifier les deux groupes au sein d'une même assemblée, en se demandant comment créer un espace pour l'autre sans perpétuer le préjudice symbolique que les deux groupes ont connu dans le passé. Les fruits de ce travail acharné sont visibles non seulement à Bronx Bethany mais aussi dans les débuts de trois implantations d'églises en Colombie, suite à l'investissement de Bronx Bethany dans des leaders qui sont retournés implanter des églises dans leur pays d'origine.

Il semble que l'implantation d'églises fasse partie de l'ADN de Bronx Bethany. Le pasteur Rich a participé au lancement d'une nouvelle église à New York plusieurs années avant de devenir le pasteur principal de Bronx Bethany, et l'église étudie maintenant dans la prière d'autres possibilités d'implantation. Bien qu'il y ait de nombreuses assemblées dans la ville de New York, le pasteur Rich reconnaît qu'il y en a peu qui partagent le même fondement théologique de la tradition wesleyenne de la sainteté. Et, dit-il, le travail auquel nous nous consacrons dépend de notre compréhension missionnaire de qui nous sommes. « La façon dont nous gérons les propriétés, notre patrimoine et les nouvelles opportunités d'implantation d'églises – toutes ces choses découlent de notre façon de comprendre comment être des personnes missionnaires dans le Bronx. »

Réflexion ou discussion

1. Où avez-vous fait l'expérience d'une communauté qui pratiquait la diversité inclusive, ou d'une communauté qui pratiquait la sélectivité exclusive ? Quels processus, pratiques ou valeurs étaient à l'œuvre pour rendre une communauté diverse et inclusive ou exclusive et sélective ?
2. Réfléchissez à nouveau à la citation de Soong-Chan Rah de ce chapitre : « La tendance à considérer le travail holistique de l'église comme l'action des privilégiés envers les marginalisés fait souvent dérailler le véritable travail de guérison de la communauté. Le ministère dans le contexte urbain, les actes de justice et la réconciliation raciale exigent un engagement plus profond avec l'autre, un engagement qui reconnaît la souffrance plutôt que de la dissimuler. » Quelle est votre réponse ? Qu'est-ce qui, dans votre propre expérience de vie, confirme ou conteste cette affirmation ?
3. Si la justice se mesure effectivement par le pouvoir donné aux plus faibles dans la communauté, dans quelle mesure votre communauté ecclésiale actuelle est-

FONDEMENTS SCRIPTURAIRES

elle juste ? De quelles pratiques, valeurs et systèmes une communauté a-t-elle besoin pour cultiver une interdépendance entre les forts et les faibles ?

Pratique en ville :
Visitez un groupe de rétablissement

Il existe peu d'endroits qui incarnent la sécurité, l'inclusion, la transformation et la guérison comme un groupe Celebrate Recovery ou AA/NA. Cherchez à savoir où se trouve la réunion la plus proche et contactez un responsable pour lui demander la permission de la visiter et de l'observer. Expliquez pourquoi vous voulez observer et précisez que vous ne prendrez pas de notes ni ne documenterez la réunion de quelque manière que ce soit. Beaucoup de ces groupes sont privés et fermés, avec de bonnes raisons, donc s'ils refusent votre demande, acceptez la décision de bonne grâce et passez à autre chose. Si vous trouvez un groupe qui accepte d'accueillir un visiteur, prévoyez d'y assister et d'observer au moins trois fois. Pendant que vous écoutez, remarquez quels éléments ou structures sont en place pour créer et maintenir la culture. Quelles similitudes voyez-vous entre ce groupe et le passage d'Ésaïe 11 ? Quelles similitudes ou différences voyez-vous entre ce groupe de récupération et un service d'église typique ? Réfléchissez à la manière dont une culture d'église pourrait apprendre et incorporer certains des éléments fondamentaux d'un groupe de rétablissement. Vous pourriez même vous asseoir avec le(s) responsable(s) du groupe pour en savoir plus.

PARTIE 3
STRATÉGIE ET PRATIQUE

Après avoir exploré dans la première partie le contexte et l'histoire du travail de l'Église du Nazaréen dans la ville, et après avoir posé les fondements théologiques de la spiritualité et de l'ecclésiologie de la tradition wesleyenne de la sainteté dans la deuxième partie, nous examinons à présent les défis, les possibilités et le potentiel très actuels d'un avenir urbain pour l'Église.

6
LES DÉFIS D'UN AVENIR URBAIN

L'intérêt des premiers nazaréens pour la société, l'affirmation des traditions historiques de l'église, le souci de l'éducation et la tolérance de la diversité des pensées et des pratiques se sont combinés pour leur donner une vision optimiste de la transformation. Ces convictions profondes les amenaient à croire que la culture pouvait être changée par la grâce de Dieu. Ainsi, leur double objectif missionnaire, à savoir la diffusion de la sainteté scripturaire dans tout le pays et le ministère auprès des pauvres et parmi eux, n'était pas simplement une stratégie : c'était une vocation.

Cependant, avec le Grand Retournement, est apparue une perspective différente du monde et des possibilités d'un véritable changement culturel. Le pessimisme et la peur ont remplacé l'optimisme et l'espoir. La vie de foi se sentait menacée par la culture dominante. Le souci de la contamination par le monde a rendu les premiers dirigeants nazaréens inquiets. Comme le souligne David Moberg, « les dirigeants nazaréens qui avaient été fortement sympathiques au mouvement ouvrier sont devenus antipathiques à son égard après la Première Guerre mondiale. Leur travail social a souffert d'une négligence croissante. Lorsque des déclarations étaient faites sur des questions sociales, elles étaient enterrées dans des rapports de comités traitant des normes de comportement personnel des membres de l'église. »[202] Lorsqu'une église se bat pour décider si l'évangile a le pouvoir de changer la société ou s'il est préférable de se retirer du désordre, les villes et les personnes qui y vivent deviennent les premières victimes.

Une enquête menée en 1986 auprès de pasteurs et de laïcs nazaréens a révélé qu'un tiers d'entre eux ont grandi dans une petite ville et que presque le même pourcentage a été élevé dans des zones rurales.[203] David Best, stratège du ministère urbain, observe : « Notre dénomination [l'Église du Nazaréen] a été fondée dans un pays majoritairement rural, mais la plupart de ses églises se trouvaient dans les zones urbaines d'Amérique. Aujourd'hui, les États-Unis sont essentiellement une nation urbanisée, mais la majorité de nos églises se trouvent dans les petites villes et les zones rurales. »[204] Dans un rapport sur les pasteurs de l'Église du Nazaréen, le sociologue Kenneth Crow a indiqué qu'en 1996, la moitié des églises et des pasteurs nazaréens desservaient des petites villes ou des zones rurales.[205] De plus, une recherche effectuée en 1990 a également indiqué que trois nouveaux ministres nazaréens sur cinq commencent leur ministère pastoral dans des zones rurales et des villes de moins de dix mille habitants.[206]

Ces chiffres ne sont pas un acte d'accusation contre les zones rurales et les petites villes, ou contre les nombreuses églises qui y sont représentées. À bien des égards, l'Église de Jésus-Christ est meilleure grâce à elles. Mais le fait qu'un si grand nombre de dirigeants d'églises soient issus des petites villes et des régions rurales contribue à une incompréhension permanente de la ville. Tant que les sentiments anti-urbains contrediront l'affirmation selon laquelle l'Évangile tout entier est destiné au monde entier, cette mentalité continuera à imprégner la pensée de certains membres de l'église, les amenant à se demander si un retour dans les villes vaut l'investissement. L'hégémonie du Grand Retournement est résiliente.

Cet état d'esprit représente un défi psychologique et philosophique pour les objectifs missionnaires à accomplir dans nos grandes villes. Mais il y a d'autres difficultés. L'objectif de ce chapitre sera de considérer certains des défis imminents d'un avenir urbain pour l'église. Aucun d'entre eux, par la grâce de Dieu, n'est insurmontable. Pourtant, ils doivent tous être nommés, de peur qu'ils ne continuent à constituer des obstacles inutiles au bon travail que Dieu a préparé pour son Église dans les champs de récolte des villes, qui doivent encore être explorés.

Embourgeoisement et pauvreté

Le terme « embourgeoisement » a été introduit pour la première fois en 1964 par Ruth Glass alors qu'elle étudiait les changements de logement et de classe sociale à Londres. Bien que son analyse initiale de l'embourgeoisement ait été mise à jour par les chercheurs actuels dans le domaine urbain, ses observations ont été révolutionnaires pour les théories du développement urbain. L'embourgeoisement a été défini comme « la transformation d'une zone ouvrière ou vacante du centre-ville en un usage résidentiel et/ou commercial de classe moyenne ».[207] Bien que l'usage commercial soit également mentionné, le logement occupe le devant de la scène dans la plupart des discussions sur l'embourgeoisement.

Avec l'essor de la suburbanisation et d'une société axée sur l'automobile, les citadins ont migré hors des centres urbains et, dans de nombreux cas, les entreprises et la stabilité économique ont fait de même. « [Les] personnes qui sont restées dans les centre-villes étaient souvent celles qui ne pouvaient pas être aussi mobiles. Par conséquent, ceux qui sont restés dans les villes centrales ont eu tendance à être des minorités à faible revenu. »[208] Toutes ces transitions ont conduit à un cercle vicieux de détérioration des quartiers, de perte des recettes fiscales nécessaires à l'entretien des infrastructures, avec de nombreux résidents qui se sont retrouvés sans opportunités d'emploi viables, sans éducation adéquate ou même sans commodités de base.

« Dégradation » est un terme économique qui décrit les conditions des zones urbaines qui sont en mauvais état.[209] Selon Colin Gordon, le terme « dégradation » n'est pas synonyme de « bidonville », mais fait référence à des conditions qui conduisent progressivement à un état final connu sous le nom de bidonville.[210] Lorsqu'une zone est considérée comme officiellement délabrée, l'expropriation est déclarée afin de reloger les résidents locaux, de raser les bâtiments et d'inviter les promoteurs à participer au processus de revitalisation. L'embourgeoisement est généralement le résultat final de la restauration de ces zones dégradées.

Le missiologue urbain Sean Benesh identifie trois aspects importants des villes américaines modernes qui résultent de l'embourgeoisement des centres urbains. Tout d'abord, dans leurs efforts de revitalisation de leurs centres urbains, de nombreuses villes « se jettent spécifiquement, stratégiquement et sans complexe dans la classe créative », ce qui suggère que la clé de nombreuses stratégies de revitalisation des villes est d'encourager l'embourgeoisement, dans le but explicite d'attirer un groupe socio-économique particulier souvent appelé « classe créative », mais également qualifié dans le jargon actuel de « hipsters », « yupsters » ou « bohémiens ».[211]

Deuxièmement, alors que la désindustrialisation a entraîné un ralentissement économique dans les villes, la nouvelle trajectoire s'oriente « vers une économie créative, et la manière dont cette classe de travailleurs créatifs en pleine expansion contribue à remodeler les villes. » Les villes se réinventent « pour attirer les personnes mobiles, les cols blancs et les personnes disposant d'un revenu discrétionnaire. »[212] Ces nouveaux consommateurs s'accompagnent d'un regain de vitalité économique, d'un renouvellement des recettes fiscales et d'une demande d'infrastructures et d'équipements de loisirs auxquels ce groupe socio-économique est habitué. Les cafés, les microbrasseries, les librairies et les pistes cyclables ne tardent pas à emboîter le pas. Loretta Lees, spécialiste de la géographie humaine et de l'embourgeoisement, offre un aperçu de l'esprit des urbanistes contemporains : « Les stratégies de revitalisation urbaine visent non seulement à attirer les embourgeoisés de la classe moyenne en tant que contribuables résidents, mais aussi à les ramener dans les zones urbaines en tant que consommateurs, et dans ce cadre, en tant que visiteurs qui dépensent. »[213]

Troisièmement, les villes passent d'une économie basée sur la fabrication à une économie basée sur la connaissance. L'économie basée sur la connaissance est portée par les artistes, les architectes, les créateurs de mode, les éditeurs et les jeunes entreprises technologiques qui apprécient le caractère terre-à-terre et authentique du noyau urbain.[214]

L'effet d'embourgeoisement signifie que les villes adoptent la « consommation culturelle » comme principale incitation à revenir en ville.[215] Les jeunes professionnels sont de plus en plus attirés par l'énergie, les opportunités, la diversité raciale et la qualité de vie qu'offre la vie urbaine. Par exemple, à Baltimore, le nombre de jeunes diplômés vivant dans le centre urbain a augmenté de 92 % entre 2000 et 2010.[216] Et à Pittsburgh, alors que la population adulte continue de diminuer, le pourcentage de jeunes diplômés de l'enseignement supérieur a augmenté de 53 % entre 2000 et 2014, soit près de 15 000 personnes.[217]

L'embourgeoisement a été utile à certains égards, mais il a également entraîné des défis de taille, comme celui de favoriser ce que George Galster et Jason Booza ont appelé les « quartiers bipolaires », c'est-à-dire des quartiers où cohabitent des groupes à très faibles et à très hauts revenus. Leurs conclusions indiquent que les quartiers bipolaires ont connu une augmentation précipitée depuis 1970 et qu'en moyenne, les quartiers bipolaires comptent une part nettement plus importante de familles à hauts revenus, de diversité raciale, des pourcentages plus élevés de personnes d'âge moyen et un nombre excessivement élevé de locataires.[218] Les groupes à revenus moyens sont manifestement absents des quartiers bipolaires, ce qui crée une situation encore plus exagérée de distribution bimodale des revenus.[219] Les polarités extrêmes entre les très riches et les travailleurs pauvres vivant côte à côte ne se sont pas avérées réduire les préjugés de classe, ni produire une mobilité sociale ascendante pour les résidents à faible revenu qui se trouvent à proximité de leurs voisins ayant réussi financièrement, voire socialement.[220] La plupart des services municipaux et des commerces de détail de meilleure qualité, par exemple, les cafés et les épiceries biologiques, qui sont générés par la présence de résidents à hauts revenus, ne sont pas des avantages abordables pour les pauvres, même s'ils sont géographiquement accessibles.

Dans son livre sur l'environnement bâti des villes, Eric Jacobsen prétend que l'embourgeoisement est en grande partie un problème d'offre et de demande, et il affirme que pour équilibrer les inégalités qui existent actuellement entre ceux qui ont suffisamment de moyens et les travailleurs pauvres, il suffit d'embourgeoiser davantage de quartiers urbains.[221] S'il s'agit là d'une simplification excessive de l'argument de Jacobsen, il n'en reste pas moins que la question de l'inégalité ne se résume pas à la compensation des biens et services fournis ; elle a tout autant à voir avec le fait de gagner sa vie. Bien que les centres urbains de nombreuses villes tentent d'apporter des changements positifs, la grande majorité des emplois disponibles pour les travailleurs pauvres sont situés dans les banlieues. Le coût des affaires a poussé un grand pourcentage d'entreprises qui fournissent généralement des emplois à la classe ouvrière à s'installer en banlieue, laissant principalement les restaurants ou les grandes entreprises en ville. Edward Glaeser rapporte qu'environ la moitié des emplois dans les plus grandes villes d'Amérique sont maintenant situés à plus de 16 km du centre-ville.[222] En outre, plus des deux tiers de tous les emplois manufacturiers se situent actuellement en dehors des limites de la ville.[223] Ainsi, nous rappelle Abram Lueders, de nombreux habitants des quartiers urbains traditionnels sont des navetteurs inversés, et, à moins de vivre dans les villes les plus grandes et les plus denses, « la vie urbaine américaine est une expérience fragmentée. »[224]

Les effets à long terme de l'embourgeoisement sur les pauvres des villes sont variés. Ceux qui ont été relogés par le biais de l'expropriation ou qui n'ont plus les moyens de vivre dans leur nouvelle économie ont migré vers des quartiers urbains ou suburbains encore déprimés. Alors que les centres-villes se revitalisent grâce à l'embourgeoisement et que les banlieues continuent de s'enrichir de nouveaux logements, l'étalement urbain se produit, laissant des anneaux de banlieues plus anciennes, souvent en voie de détérioration, autour des centres-villes. Ces banlieues proches du centre sont considérées comme la

LA VILLE

première génération de banlieues qui s'est développée après la Seconde Guerre mondiale.[225] Autrefois plus récents, plus agréables et bien aménagés pour un mode de vie confortable, ces quartiers ont également subi des changements spectaculaires. Pete Saunders rapporte : « Du point de vue de l'image, [les quartiers centraux] n'ont pas la vitalité et l'énergie des quartiers urbains plus anciens, et ils [ont] perdu une grande partie du confort et de la sécurité que les banlieues plus récentes ont acquis depuis. D'un point de vue économique, ils ont perdu des habitants de la classe moyenne qui se sont rapprochés ou éloignés du centre de la zone métropolitaine. Sur le plan social et culturel, elles sont considérées comme dépassées, voire obsolètes. Ils [ont] perdu de leur éclat alors que c'est l'éclat qui fait vendre les maisons et les communautés ».[226]

Avec l'intensification de l'embourgeoisement dans les noyaux urbains, ces quartiers du centre deviennent rapidement les « bassins d'attraction des pauvres urbains migrants qui ne sont plus dans la ville centrale ».[227] Manquant d'équipements de base, tels que des options de soins de santé, des bibliothèques, des écoles standardisées et des services civiques adéquats, bon nombre de ces banlieues extensibles et plus anciennes sont ignorées par les urbanistes, n'appliquent pas les lois sur le code du bâtiment et sont constituées de logements à faible densité, de centres commerciaux négligés, de magasins de proximité non entretenus et d'opérations de prêt sur salaire.

Les études sur les tendances en matière d'implantation d'églises au cours des quinze dernières années indiquent qu'un pourcentage élevé de nouvelles églises a été créé dans les banlieues.[228] Le pourcentage le plus élevé d'implantation d'églises en milieu urbain a lieu dans les quartiers embourgeoisés. Comme les implanteurs d'églises sont, selon Sean Benesh, la classe créative de l'église, ils sont naturellement attirés par l'implantation d'églises dans ces zones.[229] Des artisans et des créatifs partageant les mêmes idées s'y trouvent, l'environnement est invitant, et les églises sont nécessaires tout comme elles le sont dans d'autres parties de la ville. Pourtant, les habitants des quartiers embourgeoisés ne font pas tous partie de la classe créative. L'embourgeoisement est une conversation économique et, pour les gens de la tradition wesleyenne de la sainteté, une conversation spirituelle.[230] Les quartiers urbains en décomposition ne sont pas l'avenir préféré de ceux qui ont subi l'impact du délabrement et la perte de conditions de vie décentes. Dans de nombreux cas, l'embourgeoisement a constitué une amélioration. Mais les effets secondaires du déplacement, de la perte d'identité et des logements inabordables doivent être abordés – si ce n'est par les urbanistes, alors par l'église. La justice commence par la miséricorde.

La séparation de l'évangélisation et de la réforme sociale

Un vestige important des effets résiduels du Grand Retournement est la séparation injustifiée entre l'évangélisation personnelle et la réforme sociale, enracinée dans les controverses modernistes-fondamentalistes des années 1920 et 1930. Aujourd'hui, cette division pourrait être exprimée sous la forme du débat conservateur-libéral. Le conservatisme politique est souvent lié à la foi évangélique et à la recherche de gagner les âmes ; le libéralisme politique est souvent lié aux préoccupations des personnes privées de leurs droits et aux augmentations d'impôts pour les programmes d'aide sociale du gouvernement. Le premier met l'accent sur l'esprit du monde à venir, le second sur l'esprit physique d'ici et maintenant.[231] Cette fausse dichotomie a conduit certains ministres urbains à être classés comme un groupe d'intérêt spécial indépendant de la véritable mission de l'église. Cependant, depuis leur création, les églises de la tradition wesleyenne de la sainteté ont maintenu une vision plus holistique et indivise du salut et de la rédemption.

Kenneth Collins réitère l'idée que, dans la fidélité à leur héritage théologique, les dénominations de la tradition wesleyenne de la sainteté seront marquées par deux caractéristiques clés. Tout d'abord, « l'accent est mis sur la conversion, ce qui conduit à une vie distinctement sainte. »[232] Roger Olson corrobore cette conviction en ajoutant : « La conversion, la régénération, [et] la sanctification sont la viande et les pommes de terre du wesleyanisme. »[233] Deuxièmement, « les wesleyens mettront particulièrement l'accent sur l'action sociale qui sera informée non seulement par les besoins des pauvres mais aussi par une conscience aiguë du danger de la richesse. »[234]

L'évangélisation et la compassion ne s'excluent pas mutuellement. Les adeptes de la tradition wesleyenne de la sainteté ont une vision théologique plus large, selon laquelle sauver l'âme d'une personne tout en ignorant la situation critique et la cause de sa souffrance n'est ni juste ni chrétien. Le premier sermon connu de Jésus était une annonce de libération de la captivité spirituelle et une confrontation avec les systèmes du monde qui emprisonnent les personnes créées à l'image de Dieu (Luc 4 :18-19). L'union des deux est le message du Jubilé. Dans l'esprit du Jubilé, la tradition wesleyenne de la sainteté a une longue et fructueuse histoire de revivalisme *et* de réforme sociale et, en tant que telle, poursuit l'appel à travailler pour le *shalom* de toute la création, y compris le bien-être de la ville.

Politique nationale et préoccupations sociales

Les affiliations politiques des membres d'une dénomination sont étroitement liées à la séparation injustifiée de l'évangélisation et de la réforme sociale. Le but de l'union de trois groupes différents pour former l'Église du Nazaréen à Pilot Point, Texas, était de promouvoir la doctrine biblique de la sainteté. À la même époque, près de trente autres groupes importants aux États-Unis avaient la même conviction. La raison pour laquelle ces trois groupes ont pu fusionner pour former une nouvelle dénomination alors que les autres n'y sont pas parvenus repose sur plusieurs idées communes : la forte affirmation de l'ordination des femmes ; une théologie baptismale qui inclut le baptême des enfants et des croyants sans exiger l'observation d'un mode spécifique de baptême ; la volonté de permettre la liberté de conscience concernant les théories millénaristes ; une vision de la guérison divine qui n'exclut pas la médecine moderne ; et une ecclésiologie partagée de l'Église des croyants.[235] Alors que de nombreuses autres dénominations de la sainteté avaient des points de vue exclusifs et étroits sur ces questions, l'Église du Nazaréen a choisi d'unir les gens de la sainteté autour de pratiques intermédiaires ou *par l'entremise des médias*.[236]

Un aspect extraordinaire de l'union à Pilot Point est que la nouvelle Église du Nazaréen a été capable de faire ce que peu d'autres églises évangéliques ont été capables de réaliser dans les années de division qui ont suivi la guerre civile américaine : surmonter les questions de politique régionale, les préjugés, et la haine persistante qui suivent un conflit horrible. Des noms comme Bresee, Jernigan et Reynolds se sont rassemblés du nord, du sud et de l'est pour embrasser l'idée transformatrice que la sainteté chrétienne pouvait abattre tous les murs de séparation. C'était un mouvement du Saint-Esprit rarement vu dans l'Amérique de l'après-guerre civile. Stan Ingersol résume le miracle de Pilot Point : « L'union des églises à Pilot Point était un exemple brillant de la réalité sociale de la sainteté chrétienne. Au cœur du message chrétien, il y a une parole de réconciliation : d'abord entre les pécheurs et l'Amour divin ; ensuite, entre les membres de la famille humaine qui sont éloignés les uns des autres. Pilot Point signifie la réalité que la sainteté guérit les cœurs et unit des gens autrement séparés par le péché, la politique et les conflits. »[237] La remarquable capacité à mettre de côté des croyances partisanes fortement ancrées pour la plus grande mission de l'église signifiait que, dans les premiers jours de l'Église du Nazaréen, il y avait une tolérance peu commune pour un large éventail d'affiliations politiques. Les orientations politiques n'étaient pas alignées sur des partis politiques spécifiques, mais plutôt sur les questions sociales de l'époque.

Étant donné que de nombreux nazaréens de la première heure travaillaient avec les toxicomanes de Skid Row, ils s'alignaient politiquement sur les prohibitionnistes.[238] Ils croyaient que l'alcool était devenu la racine des maux sociaux pas parce qu'ils pensaient que boire était un péché, mais parce qu'ils voyaient de première main la destruction des personnes et des familles que l'abus d'alcool laissait dans son sillage.[239] Ils se sont opposés à l'alcool et ont été solidaires avec les personnes auprès desquelles ils exerçaient leur ministère.

Les premiers nazaréens étaient également opposés à l'esclavage des enfants et à d'autres formes d'appauvrissement des personnes occupant des emplois industriels au début du siècle.[240] Ils soutenaient les mouvements pro-travail, les syndicats et ceux qui luttaient pour des salaires décents. Leurs orientations politiques étaient éclairées par leur orientation théologique et la mission à laquelle ils se sentaient appelés. Cette position était l'expression de leur doctrine de la sainteté – il n'y a pas de sainteté personnelle sans sainteté sociale.

Pour de nombreux membres de l'église, les guerres de l'Évangile social ont changé cette perspective. Les nazaréens et d'autres églises wesleyennes de la sainteté de la même sensibilité ont commencé à se distancer des idées et des programmes qui ont commencé à être étiquetés et perçus comme « libéraux. » Lorsque les nazaréens ont déménagé en banlieue, ils se sont de facto éloignés de la détresse urbaine et des personnes dans le besoin. Par conséquent, ils ont commencé à voter en fonction des politiques sociales qui bénéficiaient à leur nouveau mode de vie.[241]

Aujourd'hui, la majorité des nazaréens dans le monde s'alignent sur des idéologies politiques conservatrices. Il y a souvent des raisons positives d'agir ainsi. Cependant, cela peut également créer des tensions avec les citadins qui adoptent une position politique différente, notamment en ce qui concerne les domaines de préoccupation sociale.[242] L'évangélisme, en particulier aux États-Unis, a souvent été plus étroitement associé à la droite religieuse de tendance fondamentaliste et à la tentation qui l'accompagne de marier le nationalisme à la foi. Cette tentation séduisante doit être combattue par les adeptes de la sainteté wesleyenne, dont la première allégeance est au Christ ; ils doivent contester fermement toute lecture de l'Écriture ou de l'éthique culturelle qui minerait la fidélité à la voie médiane qui maintient l'évangélisation et la compassion dans une tension appropriée. Comme le souligne William Kostlevy, « les catégories historiques néo-fondamentalistes déforment le caractère de l'évangélisme et, plus significativement, obscurcissent les liens importants entre le revivalisme perfectionniste historique et les mouvements de réforme du vingtième siècle. »[243] L'impact des églises wesleyennes de la sainteté dans le contexte urbain sera en partie déterminé par leur capacité à maintenir l'équilibre entre la politique nationale et le travail du royaume de Dieu.

La culture de l'abondance

La croyance cardinale wesleyenne selon laquelle les pauvres sont un moyen de grâce est un remède à l'éthique de la classe moyenne qui imprègne maintenant une grande partie de l'Église du Nazaréen aux États-Unis. Stan Ingersol remarque que « la culture de l'abondance isole les personnes de la classe moyenne du monde occidental des pauvres. » Il s'interroge ensuite : « L'abondance constitue-t-elle le véritable test de notre caractère chrétien ? La véritable crise de la sainteté est-elle de nature théologique, ou s'agit-il plutôt de la tentation de l'égoïsme et de l'échec d'un disciplulat coûteux ? »[244]

Réfléchissant à sa propre dénomination, l'évêque Kenneth Carder déplore que les pauvres soient absents de la plupart des églises locales et des structures ecclésiales et que, lorsqu'ils sont visibles, ils soient traités davantage comme des objets de charité que comme des amis qui peuvent aider à guider les nantis vers une identification plus étroite avec Jésus. Il appelle cela « une profonde crise théologique et ecclésiale pour le Méthodisme Uni. » Le remède de Carder à cette crise est de redécouvrir les pauvres comme un moyen de grâce : « Des relations renouvelées avec les défavorisés peuvent être le moyen d'évangéliser les nantis et de briser l'emprise idolâtre de la logique de marché consumériste à laquelle le méthodisme nord-américain de classe moyenne est tombé captif. »[245] Les citadins modernes parlent souvent de la compassion de manière sentimentale et branchée, mais la théologie de la sainteté wesleyenne appelle au type d'engagement qui est mutuellement bénéfique à la formation spirituelle.

La complexité des systèmes sociaux

Les premiers nazaréens se sont engagés dans des efforts entrelacés de transformation personnelle et sociale. Holistique en théologie et en pratique, le ministère urbain parmi les premiers nazaréens a conduit à un modèle de ministères sociaux complets et d'engagement politique qui était la caractéristique la plus distinctive (et peut-être la plus *déterminante*) de la présence urbaine des premiers nazaréens. »[246] Leur engagement intrépide, voire audacieux, face aux complexités des systèmes et des structures de la société urbaine était directement lié à leur expérience de l'amour parfait et à leur optimisme plein d'espoir dans le pouvoir de transformation de l'évangile. Les premières Assemblées générales de la jeune dénomination ont créé des entités pour refléter leurs préoccupations ultimes. Un Conseil général des orphelinats et un Conseil général de l'aide sociale ont été inaugurés entre 1911 et 1919.[247] Les périodiques de la dénomination reflétaient également l'engagement de l'église dans les ministères de réforme sociale, y compris les maisons de secours pour les mères célibataires, les orphelinats, les missions dans les magasins et les assemblées orientées vers la famille, conçues pour servir les pauvres des villes.[248]

Il n'a pas fallu longtemps pour que l'on passe d'un large engagement en faveur du changement social à une concentration plus étroite sur la recherche d'âmes individuelles à évangéliser. Les historiens notent plusieurs facteurs qui ont contribué à ce changement, y compris un segment croissant de la bourgeoisie nazaréenne, l'influence des tendances religieuses de *laissez-faire*, et une économie nationale en déclin.[249] Au fur et à mesure que les nazaréens devenaient de plus en plus issus de la classe moyenne et plus influencés par un état d'esprit rural, les institutions confessionnelles étaient progressivement façonnées par les valeurs de la classe moyenne, qui se méfiait de plus en plus de la complexité culturelle des villes, lesquelles semblaient être une menace pour les idéaux familiaux. Etroitement lié, l'esprit d'entreprise inextricablement lié aux premiers nazaréens a fini par refléter l'esprit des pratiques commerciales et des entreprises de l'époque.[250] Lorsque l'économie de la nation a commencé à souffrir de la Grande Dépression[251], le financement des ministères coûteux a commencé à diminuer, ce qui a entraîné un soutien moindre pour les ministères à impact social.[252]

Les membres de la tradition de la sainteté rurale étaient également engagés dans des ministères sociaux, mais leur compréhension des solutions aux maux de la société différait de celle de leurs homologues de la sainteté urbaine. Ils étaient plus enclins à se concentrer sur les questions de moralité personnelle, offrant des ministères de miséricorde aux individus qui, selon eux, souffraient à cause de péchés personnels et de mauvaises décisions. Ceci est illustré dans un récit de Johnny Jernigan, raconté par Stan Ingersol, intitulé « Une longue nuit dans les taudis. »[253]

Impliqué dans le Nazarene Rest Cottage à Pilot Point, Texas, et plus tard comme fondateur d'un foyer pour mères célibataires à Bethany, Oklahoma, Jernigan monte dans un train pour Little Rock, Arkansas. Une fois sur place, elle a confronté la matrone d'une maison close et a ramené l'une des jeunes femmes au foyer nazaréen de Bethany pour qu'elle soit soignée et réhabilitée. Ingersol indique que cet incident était paradigmatique de l'évolution de la mentalité de la tradition de la sainteté rurale concernant la réforme sociale dans les villes. « Sa solution pour les victimes de la décadence urbaine était simple : c'était *une stratégie d'extraction*. »[254] Bien qu'il s'agisse d'un acte de compassion noble et courageux de la part de Jernigan, il ne semblait pas y avoir d'intérêt ou de tentative de s'attaquer aux valeurs sociales et culturelles qui avaient, à un certain niveau, créé un marché pour la prostitution ; il n'y avait pas non plus d'effort pour confronter ou réformer les systèmes civils et politiques qui encourageaient la prostitution ou empêchaient les femmes de travailler comme prostituées. Il s'agissait d'une stratégie visant à retirer une personne de l'environnement du péché, mais pas à changer l'environnement lui-même.

Dans les années 1920 et 1940, les nazaréens s'étaient « éloignés de l'activisme social wesleyen de leurs pionniers et avaient plutôt lié le message de sainteté aux normes personnelles. » Les normes personnelles et les ajustements du style de vie sont évidemment nécessaires[255] à la vie sainte, mais toute sainteté qui ne s'attaque pas également aux structures sociales à l'origine du dysfonctionnement sera limitée.

Une église pour la ville : L'Église du Nazaréen True Light (Kansas City)

Lorsque la révérende Alice Piggee-Wallack s'est installée à Kansas City pour le travail de son mari, elle pensait qu'elle n'y resterait que quelques années. Mais aujourd'hui, plus de trente ans plus tard, il est évident pour Mme Piggee-Wallack que Dieu avait d'autres plans. En très peu de temps, elle a commencé à participer au culte de la First Church of the Nazarene de Kansas City, a décidé de suivre Jésus et a accepté un appel au ministère parmi les plus pauvres de la ville. Au cours de sa carrière de travailleuse sociale, elle a reconnu la nécessité d'entrer en contact avec la spiritualité des gens afin de les sortir de la pauvreté, et en 1998, elle a lancé une nouvelle église avec cette mission en tête.

Pendant plusieurs années, Mme Piggee-Wallack et son assemblée ont partagé des locaux avec d'autres personnes tout en essayant de servir les communautés les plus pauvres. Alors qu'ils exerçaient leur ministère à partir de l'église nazaréenne de Beacon Hill, le pasteur Alice et ses étudiants bénévoles du séminaire ont parcouru plusieurs pâtés de maisons urbains pour rendre visite à des prostituées, des trafiquants de drogue et d'autres personnes dans la rue pendant la journée. Ils distribuaient des boissons fraîches, engageaient des conversations et développaient des relations.

Lorsqu'un ancien entrepôt d'alcool a été mis en vente au coin de la rue, le pasteur Alice a su que c'était leur endroit. Après l'avoir acheté et rénové, il est devenu le siège permanent de l'église nazaréenne True Light, offrant un refuge et des ressources au milieu d'une partie de la ville autrement troublée. Après avoir reçu des subventions quelques années plus tard, l'assemblée True Light a pu acheter une autre propriété de l'autre côté de la rue et étendre ses services de nutrition, de nourriture et de vêtements par le biais du True Light Family Resources Center.

En tant que femme pasteure noire, Mme Piggee-Wallack a bénéficié d'une position unique pour entendre les histoires et recevoir la confiance de la population diverse de son quartier, en particulier des femmes sans abri. En 2006, True Light a lancé l'Emancipation Station, un centre d'accueil de jour pour les femmes qui propose des activités, des ressources et des groupes pour aider les femmes à trouver un emploi et un logement. En 2010, elle a ouvert Freedom House, une maison de transition située à proximité, afin de préparer les femmes célibataires sans abri à une vie d'indépendance et d'autosuffisance.

Autrefois zone de ténèbres et de désespoir, la présence de True Light a offert au quartier de la 31e et de Charlotte à Kansas City un phare d'amour, d'espoir et de guérison. L'église est un mélange étrange et merveilleux d'identité raciale et de statut socio-économique : des sans-abri, des travailleurs, certains qui ne peuvent pas travailler et des étudiants séminaristes, tous réunis dans un quartier qui n'est toujours pas entièrement sûr. Il y a une certaine rotation dans l'assemblée, mais

LA VILLE

le pasteur Alice considère cela comme un bon signe. « Nous sommes devenus spécialisés dans l'envoi de personnes », dit-elle joyeusement. « Nous voulons accueillir les gens comme faisant partie de l'assemblée, mais nous voyons les gens partir lorsqu'ils obtiennent une stabilité dans leur vie. » Cet envoi inclut les diplômés du séminaire, que le pasteur Alice nomme avec fierté, et dont les vies et les ministères ont été profondément façonnés par les membres de l'église du Nazaréen True Light.

Réflexion ou discussion

1. Comment avez-vous été témoin d'un esprit de pessimisme et de peur à propos des villes et/ou de la culture changeante, et quels en ont été les effets ? Où voyez-vous des preuves de ceux qui montrent plutôt des signes d'optimisme et d'espoir ?
2. Busic dit dans ce chapitre : « Lorsqu'une église se bat pour décider si l'Évangile a le pouvoir de changer la société ou s'il est préférable de se retirer du désordre, alors les villes et les personnes qui y vivent deviennent les premières victimes. » Quels facteurs contribuent à la décision de se retirer du désordre ou d'être une présence transformatrice au sein de celui-ci ?
3. Considérant la progression du développement urbain, dégradation, embourgeoisement et quartiers bipolaires, comment la présence d'une église peut-elle être un agent de guérison et de plénitude dans un quartier en mutation ?

Pratique en ville :
Étudier la ville

À moins de participer aux discussions sur la planification et le développement urbains, la plupart des citadins n'ont pas l'occasion d'avoir une vue d'ensemble de l'évolution de la ville. Pourtant, il existe une quantité surprenante d'informations disponibles si vous savez où chercher et quelles questions poser. Prenez le temps de faire des recherches dans votre propre ville, en recherchant les zones délabrées, les quartiers de la petite et de la grande couronne, les signes d'embourgeoisement et les quartiers bipolaires. Rien ne vaut une présence physique dans ces zones pour apprendre ce qui s'y passe, mais vous pouvez également obtenir des informations auprès d'un conseil municipal ou d'une chambre de commerce.

7
INVERSER LE GRAND RETOURNEMENT

Le Grand retournement fait partie de l'histoire de l'Église du Nazaréen et, dans une certaine mesure, de la grande famille de la tradition wesleyenne de la sainteté. Son impact sur les relations entre l'église et la ville ne peut être ignoré ou minimisé. Ce chapitre suggérera brièvement une orientation stratégique et des recommandations en vue de l'exercice d'un ministère continu dans le contexte urbain, afin d'inverser le Grand retournement.

La fonction précède la forme

La question de la *fonction* concerne les résultats souhaités de l'implantation, du développement et du renouveau des églises ; la question de la *forme* renvoie à la création des systèmes nécessaires pour soutenir ce travail. La préoccupation centrale, tant pour la forme que pour la fonction, doit toujours être la contribution unique que la tradition wesleyenne de la sainteté peut apporter au contexte urbain. La mission l'emporte sur les modèles. Les Églises doivent élaborer des approches uniques du ministère dans la ville et ne pas être liées par la tyrannie de la reproduction d'autres modèles, quels que soient leur origine ou leur niveau historique de réussite. La connaissance des meilleures pratiques en milieu urbain peut certainement être utile, mais, comme l'observe Jim Copple : « Parce que les programmes et les projets sont hautement contextualisés, les reproductions . . . sont vouées à l'échec. »[256] Les ministères développés doivent naître de chaque contexte local tout en restant fidèles aux principes fondamentaux de la tradition wesleyenne de la sainteté. Le spécialiste des questions urbaines Michael Mata appelle cette approche « l'exégèse de la communauté. »[257] Une autre façon d'aborder le développement du ministère dans un contexte localisé est de poser une question : De quoi votre champ de mission a-t-il besoin ?

Parce que les villes sont des organismes dynamiques, les méthodes et les stratégies du ministère doivent être flexibles pour s'adapter au contexte.

Beaucoup de stratégies et d'objectifs d'implantation d'églises en milieu urbain émanent d'une perspective de mouvement de croissance d'églises, comme Michael R. Jones le note : « mettant l'accent sur une approche sociologique dans la tradition de Donald McGavran et C. Peter Wagner. »[258] La stratégie sociologique est souvent inadéquate, car les zones urbaines changent de forme et d'aspect en fonction de la population transitoire qui y vit à un moment donné. Le concept de boîte à outils est peut-être une meilleure approche.

Utilisant la métaphore de la boîte à outils, le pasteur urbain chevronné David Best a conçu des « outils essentiels pour un ministère urbain efficace. »[259] Les outils qu'il recommande sont organisés en trois catégories, avec leurs composantes : (1) *connaissances* : Écriture, théologie classique, fondements bibliques de la mission urbaine, évangélisation, spiritualité urbaine et formation spirituelle de l'entreprise ; (2) *compétences* : étudier la ville pour en comprendre l'histoire, les systèmes sociaux, économiques et politiques, l'organisation communautaire, la culture de lecture, la diversité interculturelle et le développement organisationnel, les compétences de gestion liées aux organisations à but non lucratif, aux conseils d'administration, aux problèmes de construction et aux finances ; et (3) *attitudes* : ouverture à la diversité, coopération, collaboration, solidarité vis-à-vis des pauvres (en référence à une attitude d'incarnation : administrer avec présence, et non avec paternalisme), et patience.[260]

En 1996, les ministères multiculturels de l'Église du Nazaréen ont convoqué une réunion des praticiens de la mission urbaine. Le comité a développé des compétences de base nécessaires à toute personne impliquée dans l'implantation d'églises urbaines nazaréennes. Bien que les compétences de base aient été avancées il y a plus de vingt ans, elles continuent à souligner les qualités requises des leaders du ministère urbain :

- une capacité à analyser les systèmes sociaux, économiques et politiques, et à organiser des réponses ministérielles appropriées,
- une capacité à développer des stratégies organisationnelles et financières pour créer et soutenir des opportunités de ministère,
- une capacité à analyser et à organiser une assemblée/communauté pour une évangélisation holistique et communautaire,
- une compréhension de la culture, de l'ethnicité, de la religion et du genre dans le contexte urbain,

- une capacité à développer des stratégies pour travailler avec des groupes culturels divers et développer des ministères et un leadership multiculturels,
- une compréhension claire des thèmes et paradigmes bibliques et théologiques qui informent et façonnent le ministère urbain,
- une compréhension claire du développement des compétences personnelles de leadership et de la formation spirituelle.[261]

Bien que les villes soient en constante évolution, les pasteurs urbains doivent être capables de s'adapter et prêts à rester à long terme. Selon M. Best : « les conditions non négociables d'une telle préparation sont qu'elle soit en *contexte*, qu'elle offre un *contenu* pertinent et qu'elle produise des *compétences* qui peuvent être démontrées de manière mesurable. » Une telle préparation nécessitera plus que de nouvelles structures. Comme le préconise M. Best, elle « exigera de nouvelles façons de penser par rapport à ce que la plupart des gens en sont venus à croire au sujet de l'église« [262]

Direction ecclésiale et culture confessionnelle

Une stratégie urbaine confessionnelle pour l'avenir doit constituer une vision partagée. Une stratégie descendante, déconnectée de la base et de ceux qui sont réellement impliqués dans le ministère de première ligne, sera contre-productive. La direction peut décrire les besoins et les possibilités de ministère dans les centres urbains, mais ils doivent aussi être disposés à apprendre des praticiens et à fournir les structures par lesquelles les gens ont l'occasion de servir.

Parmi les partenaires indispensables pour le développement de l'église dans l'Église du Nazaréen se trouvent les surintendants de district. Les surintendants de district sont les superviseurs missionnaires et administratifs qui servent un groupe géographique d'églises. Tom Nees commente : « Dans la structure connexionnelle de l'Église du Nazaréen (aux États-Unis et au Canada, du moins), rien ne se fait pour le développement de l'église sans le soutien des surintendants de district. Je pense que les surintendants de district servant dans les zones urbaines accueilleraient favorablement l'opportunité de s'engager dans une planification stratégique collaborative. Ils accueilleraient probablement favorablement l'opportunité de développer et de mettre en œuvre une stratégie visionnaire et réalisable. »[263]

Le regretté Jesse Miranda, fondateur et ancien PDG de la National Hispanic Christian Leadership Conference, a suggéré que certaines caractéristiques et qualités des surintendants de district sont essentielles au développement du leadership urbain et à l'implantation d'églises :

> Soutenir les pasteurs là où ils sont avec les dons qu'ils ont ; reconnaître que la croissance dans les contextes urbains prend du temps ; que l'implantation d'églises [en milieu urbain] n'est pas comme une usine, mais comme un jardin ; se montrer parfois opératif dans le style de leadership – mener une action pour que les choses se fassent – mais souvent, [le style de leadership] doit fonctionner en coopération ; utiliser les scissions et les divisions [des églises] avec [la] précision chirurgicale de séparer des jumeaux siamois pour commencer de nouvelles œuvres ; planifier à l'avance, voir les différences comme des possibilités ; [cultiver une] attitude et une compétence qui peuvent convertir un problème en potentiel.[264]

Revenez en arrière et relisez les caractéristiques et les qualités qui sont nécessaires pour que les églises urbaines prospèrent. Plusieurs de ces déclarations pourraient être écrites et placées à un endroit accessible à ceux qui encadrent les pasteurs.

De même que les surintendants de district doivent partager une vision urbaine, les entrepreneurs de mission urbaine de première ligne doivent être encouragés, reconnus et soutenus. Les réseaux de praticiens du ministère urbain doivent être promus et entretenus. Il est possible que le ministère urbain du futur émerge de francs-tireurs loyaux qui fonctionnent mieux en dehors de la boîte des attentes et du contrôle institutionnels. Si la tradition wesleyenne de la sainteté souhaite un avenir vital dans le contexte urbain, ses dirigeants de district doivent inspirer, embrasser et incarner cette vision. Moins de contrôle peut s'avérer déroutant et désordonné, mais la vie en ville est désordonnée. Il y a beaucoup d'églises qui sont dans le désordre, et le désordre à lui seul fait qu'elles ne fassent pas partie d'un mouvement. Mais il n'existe pas de mouvement qui ne soit pas désordonné. Le leadership dans les contextes urbains doit se sentir à l'aise avec l'inconfort.

Le développement du leadership est également essentiel pour la durabilité de l'implantation, du développement et du renouvellement des églises urbaines. Les universités et les séminaires de la tradition wesleyenne de la sainteté pourraient développer des cours axés sur la ville, y compris des excursions dans la vie urbaine et des exercices de cartographie communautaire. « La formation des leaders urbains se fait mieux dans la ville……. Le contexte affecte toujours le contenu, l'interprétation et l'application de ce que nous apprenons. »[265] Avec une prescience étonnante, le grand missiologue urbain Harvie Conn a discerné les dynamiques culturelles changeantes autour des villes et a soutenu qu'« un monde urbain exigeait non pas une éducation théologique et missionnaire suburbaine avec un cours sur la ville, mais 'une formation dans les villes. » Et une formation qui combine l'étude et la rue, qui apprend aux gens à passer facilement des livres aux barrios'. »[266]

Ce type d'immersion dans la richesse du contexte urbain affirmerait la diversité des données démographiques et des cultures ethniques. Le développement du leadership dans les zones urbaines comprendrait un soutien à la préparation ministérielle des minorités ethniques. Des ressources confessionnelles pourraient également être distribuées pour soutenir le développement des ministères pour les immigrants.

La nécessité de partenariats œcuméniques

Pour avoir un impact significatif sur n'importe quelle grande région métropolitaine, il faudra une coopération intentionnelle avec d'autres églises, dénominations et autres institutions culturelles, c'est-à-dire des partenaires de développement communautaire. Tim Keller affirme : « Aucun type d'église – aucun modèle d'église ou tradition théologique – ne peut atteindre une ville entière. »[267] L'accent mis par Wesley sur l'esprit catholique reconnaît que d'autres traditions théologiques ont des perspectives importantes à partager avec ceux qui ont une affinité avec la tradition wesleyenne de la sainteté, et peuvent offrir de multiples façons de bénéficier d'une mission partagée.

Bien que les distinctions confessionnelles aient de multiples facettes, il y a beaucoup à gagner à travailler ensemble. « Même si nous voulons croire que la plupart des gens voudront devenir notre type particulier de chrétien, il n'en est rien. La ville ne sera pas gagnée à moins que de nombreuses dénominations différentes ne deviennent des mini-mouvements dynamiques. »[268] Alors qu'une église locale peut changer un quartier, seul un mouvement unifié peut changer une ville entière. Pour cette raison, Keller soutient en outre que, pour faire une réelle différence dans une ville, une église pour mille personnes serait le point de basculement pour faire plus que simplement maintenir mais réellement faire *croître* le corps du Christ. « La relation entre le nombre d'églises et le nombre de pratiquants est exponentielle, et non linéaire. »[269]

On peut apprendre beaucoup du succès des dénominations sœurs. Le ministère de l'Église de Dieu (Anderson) au sein des communautés afro-américaines, l'influence positive de l'Église wesleyenne pour aider à changer les politiques d'immigration injustes et le succès de l'Armée du Salut dans la création de centres de développement communautaire sont tous notables. Les dirigeants des églises pourraient envisager la possibilité pour les dénominations de combiner leurs forces et leurs faiblesses pour produire quelque chose de durable dans les vastes zones urbaines. L'Armée du Salut est reconnue mondialement pour son efficacité dans les ministères de compassion en milieu urbain, mais elle n'est pas aussi connue pour ses assemblées locales. L'Église du Nazaréen et l'Armée du Salut pourraient potentiellement travailler ensemble pour établir des œuvres dynamiques qui incluent le meilleur des deux traditions.

Avec les coûts exorbitants de l'immobilier dans les zones urbaines, les installations pourraient être partagées dans un souci d'intendance. Des copastorats interconfessionnels pourraient être envisagés. La synergie est créée lorsque l'esprit du royaume prévaut sur la question de savoir qui reçoit le crédit. Un projet expérimental bêta dans une ville pourrait s'avérer inestimable pour les stratégies urbaines futures. Il s'agit d'une étape stratégique potentielle pour passer du linéaire à l'exponentiel, de l'incrémental au mouvement. Le ministère dans le contexte urbain est favorable aux partenariats œcuméniques. Pour faire face à la diversité, il faut des approches novatrices et une coopération intégrée. L'esprit catholique de Wesley et de ses descendants rend ces partenariats non seulement possibles, mais impératifs.

Attendez ... Essayez

Au cours du dernier quart de siècle, aucun universitaire n'a peut-être autant contribué à la missiologie urbaine que Harvie M. Conn. Jouant « le rôle de revivaliste » pour le renouveau dans la ville, ses écrits, ses enseignements et son exemple persistant ont aidé à faire naître un regain d'intérêt pour les études urbaines et l'implantation d'églises en milieu urbain, qui était en sommeil depuis des décennies.[270]

Dans *The American City and the Evangelical Church*, Conn a analysé l'histoire de l'église dans la ville américaine à travers trois périodes : 1870-1920, 1920-

1970 et 1970-1990. Rappelant que « la cible principale de l'église primitive au cours de ses 300 premières années était la ville », Conn réfute deux préjugés cyniques concernant l'église évangélique et la ville américaine. Premièrement, le préjugé anti-urbain selon lequel la ville est une forteresse du mal, impie et séculaire, sans espoir de rédemption et d'élévation. Deuxièmement, les plus grandes opportunités de réussite pour l'église sont plus facilement réalisées dans le contexte rural. S'intéressant à « la composition ethno-sociologique de la ville », Conn soutient que les histoires de la ville et de l'église dans la ville sont étroitement liées et ne peuvent être dichotomisées en bien et mal. Au contraire, l'évangile dans la ville doit être considéré avec une potentialité renouvelée et vibrante, capable à la fois de transformation évangélique et de réforme sociale. En cela, Conn soutenait fortement l'accent théologique wesleyenne de la sainteté sur la transformation des personnes, des systèmes et des cultures. La contribution de Conn à une missiologie pour la ville est profonde et durable. L'avenir de l'implantation, du développement et du renouvellement des églises urbaines est soutenu par son défi prophétique : « Attendez-vous à de grandes choses de Dieu pour la ville ; tentez de grandes choses pour Dieu dans la ville. »[271]

Une église pour la ville : Neighbor to Neighbor et Tapestry Church (Raleigh)

En 1989, un petit groupe de la First Church of the Nazarene de North Raleigh, une assemblée de classe moyenne supérieure à prédominance blanche, a entamé une relation avec la communauté à faible revenu à prédominance noire de Walnut Terrace dans le sud-est de Raleigh, qui était le plus grand projet de logement du gouvernement de la ville. Après avoir reçu pendant plusieurs années de l'aide sous forme de dons, quatre mères de Walnut Terrace ont posé aux membres de l'église de North Raleigh une question brûlante : comment pouvons-nous participer à un changement durable dans notre communauté ? Au cours des conversations qui ont suivi, il est apparu clairement qu'une nouvelle approche était nécessaire pour s'attaquer aux principales préoccupations des membres de la communauté : les soins après l'école, les mentors positifs pour les enfants et l'éducation des adultes pour obtenir un travail mieux rémunéré.

En réponse à ces besoins, Neighbor to Neighbor a été lancé en 1996 en tant qu'organisation indépendante à but non lucratif au sein du quartier. Le révérend Royce Hathcock était l'un des deux pasteurs invités à venir de Los Angeles pour aider à lancer cette nouvelle idée. Fort de son expérience à L.A., le pasteur Royce s'est installé dans le quartier et a commencé à nouer des relations avec ses voisins afin de réaliser ensemble le travail de développement communautaire. Dès le début, Neighbor to Neighbor n'a jamais commencé ou terminé un programme sans que les membres de la communauté n'en expriment le désir.

L'église Tapestry est l'une des excroissances des rêves de la communauté, le résultat du désir exprimé par l'entourage d'avoir un lieu de culte où ils pourraient être pleinement eux-mêmes. Depuis 1998, Tapestry se réunit le dimanche à 12h30 pour un service religieux dans lequel la nourriture et le jeu constituent des éléments essentiels de la liturgie. Mais l'assemblée et l'organisation ne sont pas facilement dissociables, décrites comme des « jumeaux conjoints, unis par le cœur. » Le dimanche, la communauté se réunit pour célébrer le culte, et de lundi à samedi, elle met en pratique les conséquences de leur foi.

En plus de vingt ans de service, Neighbor to Neighbor est passé de programmes destinés à aider les résidents à faire face aux problèmes systémiques à des programmes qui s'attaquent aux problèmes eux-mêmes. Après avoir offert pendant des décennies des cours de développement de la main-d'œuvre et de formation générale, l'association a réalisé qu'il n'y avait pas suffisamment d'emplois qui rémunèrent de manière suffisante pour accueillir les membres de la communauté qui devenaient aptes au travail. Ils ont donc créé deux entreprises qui offrent un revenu de départ de quinze dollars par heure.

Le révérend Spencer Hathcock, fils du pasteur Royce, a été le témoin direct de la transformation de la communauté depuis qu'il est enfant. Mais il n'a réalisé à quel point sa communauté était unique et formatrice qu'après avoir passé quatre ans à l'université. « Cela a ravivé en moi le désir de voir le ministère qui m'a formé continuer à former d'autres personnes. »

Le pasteur Spencer est catégorique : l'impact n'est pas unilatéral. « C'est la communauté qui change les mentors et les bénévoles », affirme-t-il. Il a été témoin de la vérité des mots de l'artiste et activiste aborigène australienne Lilla Watson : « Si vous êtes venus ici pour m'aider, vous perdez votre temps, mais si vous êtes venus parce que votre libération est liée à la mienne, alors travaillons ensemble. »

Réflexion ou discussion

1. De quoi le champ missionnaire de votre ville a-t-il besoin ? Y a-t-il un besoin particulier pour lequel vous ou votre équipe êtes passionnés et/ou avez une expertise ?
2. Notez quelles compétences nécessaires pour l'implantation d'églises en milieu urbain, énumérées à la page 115, sont présentes chez vous et/ou chez les membres de votre équipe. Comment pourriez-vous acquérir les compétences qui vous manquent, ou inclure d'autres qui les ont ?
3. Quelles sont les églises qui font un bon travail dans votre ville, et comment pouvez-vous vous associer avec elles ? Quels sont, selon vous, les défis et les avantages des partenariats œcuméniques ?

Pratique en ville :
Rêver avec Dieu

Nous insistons souvent sur la nécessité de faire des plans, mais nous négligeons l'important travail de rêver. Prenez le temps de demander à Dieu de vous faire part de ses rêves pour votre ville en vous arrêtant sur ces paroles du prophète Joël : « Après cela, je répandrai mon esprit sur toute chair ; Vos fils et vos filles prophétiseront, Vos vieillards auront des songes, Et vos jeunes gens des visions. Même sur les serviteurs et sur les servantes, Dans ces jours-là, je répandrai mon esprit. » (2 :28-29). Demandez à l'Esprit de vous aider à imaginer ce que pourrait être la réalisation de ce rêve dans votre région. Pensez aux femmes et aux hommes que vous connaissez : vieux, jeunes, privilégiés et moins privilégiés. Quels rêves et visions Dieu leur donne-t-il ? Priez pour que les rêves de Dieu s'installent et que Dieu rassemble l'équipe nécessaire pour que le rêve de Dieu devienne réalité.

8
MANIFESTATIONS ACTUELLES

La Bible n'offre aucune disposition spécifique en matière d'implantation d'églises. L'apôtre Paul a implanté des églises, mais au-delà du lieu, du moment et de la raison, nous savons très peu de choses sur le comment. Jésus a plus parlé du royaume de Dieu que de l'Église. Leonard Hjalmarson suppose que le langage de l'implantation d'églises, et les divers aspects qui y sont associés, fait partie de l'héritage de Constantin et que, vu sous le prisme de la chrétienté, « les frontières entre église et royaume étaient indistinctes. » Hjalmarson soutient en outre que les limites imposées par les résidus de la pensée des Lumières « s'estompent au profit de la *missio Dei.* »[272] (1) Il n'y a pas lieu de s'en inquiéter, car si les méthodologies et les manifestations de l'Église sont culturelles – liées au temps et au lieu et en constante évolution – la mission de Dieu est éternelle et intemporelle. Cette vérité est d'un grand réconfort.

Manifestations actuelles des ministères dans la ville

L'Église du Nazaréen aux États-Unis a actuellement trois manifestations de base d'églises de ville situées dans les centres urbains : établies, immigrées, et basées sur les ministères de compassion. Chacun de ces types d'église a des forces et des faiblesses, et ils fonctionnent mieux lorsqu'ils travaillent en interdépendance les uns avec les autres. Ces trois manifestations seront explorées, et une quatrième expression possible – le modèle de l'église paroissiale – sera également considérée comme une alternative viable pour l'implantation, le développement et le renouvellement des églises wesleyennes de la sainteté en milieu urbain.

ÉGLISES ÉTABLIES

Les églises établies ont des installations et des membres, qui sont tous deux en déclin ou en cours de renouvellement. Tim Keller, pasteur et fondateur de l'Église presbytérienne des Rachetés de Manhattan et de City to City, une organisation de formation et de mise en réseau conçue pour créer des mouvements évangéliques dans les villes par l'implantation d'églises, pense que l'une des façons de renouveler les églises existantes est d'en implanter de nouvelles. Par ailleurs, il énonce quatre raisons pour lesquelles l'implantation de nombreuses nouvelles assemblées apporte un renouveau aux églises établies.

Premièrement, « les nouvelles églises apportent de nouvelles idées à l'ensemble du corps de Christ ». Parce qu'elles ont la liberté intrinsèque d'être innovantes, les nouvelles églises deviennent le département potentiel de recherche et de développement de toutes les églises de la ville. Deuxièmement, « les nouvelles églises suscitent de nouveaux dirigeants chrétiens créatifs pour toute la ville ». Alors que les assemblées plus anciennes et établies peuvent promouvoir la stabilité et la tradition, les nouvelles assemblées valorisent la créativité et le risque, attirant ainsi ceux qui ont des aptitudes et des dons pour l'innovation. Ces nouvelles églises deviennent attrayantes pour la classe des artisans créatifs, qui sont venus dans la ville pour les mêmes raisons. Troisièmement, « les nouvelles églises poussent les autres églises à l'auto-examen ».[273] Souvent, ce n'est que dans la fécondité des nouvelles expressions qu'une église établie est forcée de considérer ce qui ne fonctionne plus et la valeur potentielle des nouvelles outres. Comme l'ont démontré Phyllis Tickle et d'autres, cet examen de conscience ne diminue pas l'église mère mais la renforce pour imaginer un avenir nouveau et meilleur.[274]

Finalement, Keller affirme que « les Nouvelles églises sont susceptibles d'être un système d'alimentation évangélique pour la communauté toute entière ». Une nouvelle vie diffuse une nouvelle vie. C'est en expérimentant la transformation de la vie à tous les niveaux que l'église dans son ensemble se fortifie. La conséquence à ce phénomène est que les Nouvelles églises dans la ville ont tendance à apporter de nouveaux membres aux églises déjà existantes. En somme, « l'implantation vigoureuse d'églises est l'un des meilleurs moyens qui existe de renouveler les églises qui existent tout en permettant la croissance du corps de Christ dans son entièreté au sein d'une ville. »[275]

Les églises établies qui ne sont pas sorties du centre-ville disposent de propriétés et d'installations à des emplacements de premier ordre. Dans de nombreux cas, l'augmentation précipitée des coûts a rendu ces quartiers embourgeoisés et inabordables pour les nouvelles assemblées. Le partage de ces installations avec des assemblées nouvelles peut devenir un moyen de grâce pour l'église mère ainsi que l'église naissante sans menacer la viabilité de l'une ou de l'autre.

Les églises établies disposent également de ressources matérielles et humaines que les assemblées nouvellement implantées ne possèdent pas forcément. L'intendance chrétienne exige de partager ce qui a été donné par la grâce en vue du royaume de Dieu et sans craindre une perte temporelle ou éternelle. Une mentalité de concentration des richesses, par crainte qu'il n'y ait jamais assez pour tout le monde, est à la fois erronée et contraire au royaume. Les églises établies qui ont opté pour la générosité ont découvert qu'il y en a assez, et en donnant d'elles-mêmes, elles ont découvert une vie renouvelée dans leurs propres assemblées. De plus, les membres des églises établies sont parfois sous-utilisés et peu stimulés dans leur cadre congrégationaliste actuel, et beaucoup d'entre eux seraient ravis d'avoir l'occasion d'utiliser leurs passions et leurs dons inexploités au service du royaume.

ÉGLISES D'IMMIGRANTS

Les immigrés font partie des groupes les plus sensibles aux efforts d'implantation d'églises et d'évangélisation aux Etats-Unis. Beaucoup arrivent avec des engagements religieux profonds, d'autres n'ont aucune affiliation à une église et sont ouverts au message de l'Évangile. Les immigrés sont souvent le groupe de population le plus négligé dans les milieux urbains, alors qu'ils offrent peut-être le plus grand potentiel pour la croissance des églises aux États-Unis.

Le terme « diaspora » désigne les personnes déplacées qui ont migré, de gré ou de force, de leur pays d'origine vers un autre lieu. Les migrants arrivent souvent en premier dans les grandes villes. Ils arrivent avec des besoins physiques, émotionnels et spirituels, et ils éprouvent souvent des sentiments de vulnérabilité, de désorientation et de choc culturel. « Leur vie a été bouleversée. Ils ont besoin de beaucoup d'aide, surtout dans les premiers mois et les premières années. Si les chrétiens s'avancent pour les aider, leur cœur peut être grand ouvert à l'Évangile. »[276] Aider quelqu'un qui a un grand besoin personnel peut être perçu comme de l'exploitation, ou comme aimer son prochain comme soi-même.

Timothy Smith qualifie l'acte de migration d' « expérience théologisante », car ceux qui font l'expérience d'une dislocation transculturelle de leur patrie et de leur ancien mode de vie prennent souvent conscience de la grâce prévenante et providentielle de Dieu d'une manière nouvelle. « Leur sentiment de la sollicitude de Dieu à leur égard s'est intensifié à mesure que les individus s'arrachaient aux villages ruraux qui les avaient autrefois nourris ».[277] Maintenant, ils tentent de s'acclimater parmi des masses écrasantes dans les cultures étranges et inconnues des nouvelles villes. Leur survie dépend de leur capacité à trouver du travail, un endroit où vivre, une école pour leurs enfants et une communauté qui les accueillera.

Oliver Phillips, ancien directeur des ministères nazaréens de la compassion et de la stratégie missionnaire pour les États-Unis et le Canada, pense que les récents schémas d'immigration aux États-Unis sont le produit de la providence divine. En effet, et ils ouvrent des portes pour des opportunités missionnaires sans précédent dans l'histoire.[278] M. Phillips n'est pas le seul à être de cet avis. Tom Nees écrit dans *The Changing Face of the Church* : « En raison de l'immigration et des changements inévitables de la population mondiale, les villes des États-Unis et du Canada sont devenues aussi étrangères que n'importe quel pays dit étranger aux blancs anglophones qui constituent quatre-vingt-dix pour cent des membres de l'Église du Nazaréen dans leurs pays. Il n'est pas exagéré de décrire ces zones urbaines comme des ‹champs de mission›. »[279]

En 2014, près de 40 % de la population de San Francisco était née à l'étranger. Los Angeles a la particularité multiculturelle de ne pas avoir de population majoritaire et de compter deux cents langues différentes parlées.[280] En 2018, la ville de Houston comptait au moins 145 langues parlées, avec quatre-vingt-dix pays ayant des services consulaires.[281] Compte tenu de ces réalités, et du fait que le ministère dans la ville est désormais inévitablement et indéfiniment multiculturel, les mêmes stratégies et formations missiologiques présentées à ceux qui servent en tant que missionnaires internationaux bénéficieraient à ceux qui servent les zones urbaines aux États-Unis.[282]

Les villes offrent actuellement la plus grande possibilité d'accomplir la mission de l'Église du Nazaréen, « faire des disciples à l'image du Christ dans les nations ». Reconnaissant les changements démographiques rapides, la dénomination tente de répondre aux besoins et aux opportunités présentés par les modèles de migration. « Je crains que si nous [l'Église du Nazaréen] continuons à ne rien faire de différent de ce que nous faisons », prévient Tom Nees, « dans un avenir proche, quand et où il n'y a pas de groupe majoritaire, cette dénomination sera marginalisée en tant que communauté blanche à prédominance anglophone dans une mer de diversité. »[283]

Lors de la première conférence multiculturelle de l'Église du Nazaréen, le surintendant général Paul Cunningham a réfléchi au fait que son église natale du centre-ville de Chicago a quitté la ville pour s'installer en banlieue. La tragédie, pour Cunningham, était plus que la vente d'une propriété de valeur que l'église ne serait probablement jamais en mesure de récupérer ; il s'agissait de quitter les gens que l'église avait été créée pour servir. Il a terminé son sermon par un fervent appel : « Un jour, nous aurons une vision pour les villes. C'est le travail missionnaire dans nos villes. Nous ne sauverons pas nos villes tant que nous n'aurons pas une vision missionnaire pour les villes. Nous avons quitté les villes, puis la nouvelle Amérique s'est installée dans les villes. *Le champ missionnaire a décidé de venir à nous, et il est venu pour rester.* »[284]

ÉGLISES BASÉES SUR LES MINISTÈRES DE LA COMPASSION

Les églises basées sur les ministères de la compassion sont la présence nazaréenne la plus répandue dans les villes en raison du fait que la compassion est tissée dans la fibre ecclésiologique de la tradition wesleyenne de la sainteté. Comme dans l'Angleterre du 18e Siècle et l'Amérique du 19e Siècle, les villes abritent un grand nombre de personnes aux prises avec des difficultés économiques, physiques et psychologiques. Par conséquent, pour les wesleyens qui définissent la sainteté chrétienne comme l'amour de Dieu et du prochain, « tout notre ministère doit être un 'ministère de compassion' ».[285]

Les églises basées sur le ministère de la compassion prennent au sérieux non seulement la prise en charge des pauvres mais aussi les problèmes et les systèmes qui conduisent à la pauvreté. Ce type de ministère implique à la fois la compassion et le plaidoyer. La compassion consiste à s'occuper des symptômes de l'injustice ; le plaidoyer consiste à s'attaquer aux causes de l'injustice. La recherche indique que, autrefois une force motrice des stratégies d'implantation d'églises nazaréennes dans la ville, les centres de ministère de compassion dans le centre urbain deviennent moins liés aux ministères des églises locales et plus susceptibles d'être à but non lucratif.[286] Ce qui différencie les églises basées sur le ministère de la compassion des nombreux autres ministères de la miséricorde dans la ville, c'est le lien direct entre l'activité de compassion et l'assemblée locale.

Même leur action de compassion est directement liée à la vie d'une communauté de foi. Community of Hope à Washington DC, Los Angeles First Church of the Nazarene, Shepherd Community Center à Indianapolis, et Lower Lights Church of the Nazarene à Columbia sont des exemples patents de ce modèle.

Faire face au miracle du millenium

Les églises nazaréennes établies, immigrées et basées sur des ministères de compassion qui existent dans les centres urbains sont vitales et efficaces. Toutefois, une nouvelle expression est nécessaire pour l'implantation d'églises urbaines dans la tradition wesleyenne de la sainteté. Actuellement, un grand renversement de la situation, des milliers de personnes reviennent vers les centres-villes. Beaucoup d'entre eux sont des membres de la classe créative et des jeunes adultes. Un nouveau modèle d'implantation d'églises est nécessaire pour faire face à l'extraordinaire migration des millénaires vers les zones urbaines.

Lors d'un échange en 2016 avec des responsables confessionnels de l'Église du Nazaréen, deux questions missionnaires ont été posées : « Où l'église n'est-elle pas encore ? » et : « Qui sont les groupes de personnes non atteintes dans nos régions mondiales ? » S'exprimant depuis le contexte missionnaire des États-Unis et du Canada, le directeur régional Robert Broadbooks a souligné que les réponses à ces questions sont entrelacées : « L'Église [aux États-Unis et au Canada] n'est pas encore présente dans nos grandes villes, et le groupe de population non atteint [aux États-Unis et au Canada] est celui des moins de trente-cinq ans. » À la lumière de l'histoire urbaine de l'Église du Nazaréen, il est clair où l'église doit retourner.

L'ecclésiologie wesleyenne de la sainteté est attentive aux personnes marginalisées, notamment les immigrants, les réfugiés et les pauvres. Parmi les marginaux de la ville, on trouve ceux qui ont des orientations sexuelles et des identités de genre différentes, les victimes de la traite des êtres humains et ceux qui se remettent d'une dépendance. Bien qu'ils ne soient pas souvent considérés comme un groupe marginalisé, les milléniaux sont actuellement l'un des groupes les moins évangélisés et les moins atteints de la société occidentale. Leur sentiment de marginalisation est souvent marqué par moins d'humilité et de désespoir évident que d'autres groupes, mais il existe néanmoins. Lorsque les églises wesleyennes de la sainteté reviennent en ville, elles ont le potentiel de répondre au besoin d'une plus grande présence des églises dans les zones urbaines tout en atteignant les jeunes adultes.

En 2019, les milléniaux constituent désormais la plus grande génération de l'histoire américaine et, en raison de l'immigration, ils devraient atteindre le chiffre record de 76,2 millions en 2036.[287] Bien sûr, la façon dont on définit les paramètres des naissances millénaires affectera celle dont les chiffres se présentent ainsi que leur signification. Le Centre de Recherche Pew limite la génération du millénium aux personnes nées entre 1981 et 1996. En 1991, Neil Howe et William Strauss, les auteurs qui ont inventé le terme « millennials » dans leur livre *Generations : The History of America's Future,* l'ont défini de manière plus large que ce qui est généralement accepté aujourd'hui. La génération milléniale de Howe et Strauss englobe les personnes nées entre 1982 et 2001. Quel que soit le tracé des frontières, une chose est certaine : les milléniaux sont la première génération du nouveau millénaire, et ils subissent l'impact d'un monde qui change rapidement.

Le sociologue américain Robert Wuthnow énumère sept tendances clés qui façonnent la vie des jeunes adultes d'aujourd'hui :
- mariage tardif,
- moins d'enfants, plus tard dans la vie,
- incertitudes concernant le travail et les préoccupations d'ordre financier,
- élévation du niveau d'étude,
- diminution et réduction des relations sociales,
- exposition accrue aux forces de la mondialisation,
- impact culturel de l'explosion de l'information.[288]

En raison de ces tendances, plusieurs comportements et croyances sociologiques se sont manifestés chez les milléniaux. Premièrement, la diversité raciale de la cohorte des milléniaux leur a appris la valeur de l'inclusion et de l'acceptation d'un éventail de groupes culturels et ethniques, y compris une variété de perspectives sociales. « Pour cette génération, les différences doivent être louées et honorées. »[289] Cet état d'esprit rend les milléniaux sceptiques à l'égard de tout mode de pensée qui dicte la conformité au milieu de la diversité ou qui étouffe les questions d'équité ou de justice pour les opprimés.

Deuxièmement, les milléniaux se méfient des religions organisées. Ce fait est plus qu'une analyse anecdotique ; les statistiques le confirment. Les adultes âgés de 21 à 45 ans représentent au moins 40 % des adeptes de chaque grande tradition religieuse aux États-Unis. Cependant, les jeunes adultes représentent une proportion plus faible des adhérents de plusieurs traditions religieuses aujourd'hui qu'il y a une génération, y compris une diminution spectaculaire de la proportion d'évangéliques âgés de 20 ans. De plus, la catégorie des Américains qui ne revendiquent aucune appartenance religieuse présente la plus grande proportion de milléniaux, passant de 1 sur 11 à 1 sur 5 en l'espace d'une seule génération.[290] Interrogés sur l'impact positif des églises dans le pays, seuls 55 % des milléniaux ont répondu favorablement, soit une baisse de 18 points de pourcentage par rapport aux cinq années précédentes.[291]

Troisièmement, les milléniaux recherchent une base morale solide dans une culture relativiste et nihiliste. Le spécialiste des sciences sociales Robert Putnam a écrit sur la mentalité du « ne pas juger », très répandue chez les jeunes adultes, et sur ce qu'il advient d'une société qui ne soumet pas les autres à une norme morale.[292] David Brooks, chroniqueur au *New York Times*, affirme que, lorsqu'il s'agit de plusieurs générations de familles brisées, « il est de plus en plus clair que la sympathie ne suffit pas. Ce ne sont pas seulement l'argent et une meilleure politique qui manquent dans ces cercles, ce sont les normes ». Ces normes, poursuit Brooks, nécessiteront la réintroduction d'un « vocabulaire moral », c'est-à-dire de « codes et de règles de base intégrés dans la vie quotidienne » qui offrent une alternative à la « *peste du non-jugement*. Cette dernière refuse d'affirmer la suprématie d'une façon de se comporter sur une autre ».[293] L'Église peut fournir des limites fondées sur des principes à une génération désespérément en quête de sens.

Quatrièmement, les milléniaux font montre d'un attachement profond à l'authenticité.[294] Ils préfèrent la sincérité à la pertinence. Ils accordent une grande importance à la source ou la genèse des choses. Nina Schmidgall déclare : « Ils montrent leur préférence pour les produits issus de l'agriculture biologique, de l'approvisionnement local, de l'agriculture durable et à l'origine traçable. » Les accoutrements du mouvement de croissance de l'église, tels que « les machines à brouillard, les grandes personnalités et les productions axées sur la performance ne sont pas attrayants » pour les jeunes adultes qui aspirent à la simplicité et à l'honnêteté. Au contraire, les milléniaux qui expriment leur intérêt pour l'église sont « attirés par les points d'ancrage de la foi historique ». Ils gravitent autour « des rituels, des sacrements et de la pureté des disciplines spirituelles, et sont attirés par une relation authentique avec Dieu », et ils souhaitent exposer leurs enfants à la même chose.[295]

Cinquièmement, les milléniaux sont habitués à un changement rapide et continu. A la montée d'internet, ils sont aussi la première génération à avoir obtenu un accès quasi illimité à l'information. Ils ont appris à accepter et à attendre un mouvement constant et un changement continu. Cette réalité exige que l'église mette l'accent sur un chemin cohérent de discipulat qui va au-delà de la simple conversion, et que tout accent mis sur la formation spirituelle soit d'abord basé sur des relations authentiques. À cet égard, Elisabeth Sbanotto conseille :« Les milléniaux rappellent à l'église que l'évangile est une question de relation, de restauration, "unité, et que toute tentative d"évangélisation et de formation de disciples doit commencer par ces choses-là. Ils remettent en question l'"hypocrisie et valorisent les expressions de la foi qui sont désordonnées, en processus, et qui incluent la possibilité d'exprimer un doute profond. »[296]

Sixièmement, et en lien étroit avec le point précédent, les milléniaux désirent des connexions inter-générationnelles. De nombreux jeunes adultes élevés dans un environnement d'église ont été séparés des générations plus âgées pour la programmation et le culte. On leur proposait des pasteurs pour enfants et des pasteurs pour jeunes ainsi que des événements spécifiques à leur âge. Ce n'est qu'en de rares occasions qu'ils ont eu l'occasion de côtoyer des adultes plus âgés, expérimentés et saints, ce qui les a privés de la chance de « voir la foi se manifester à travers les générations ».[297] Les recherches du Fuller Youth Institute révèlent que les jeunes qui ont partagé des expériences intergénérationnelles avec d'autres personnes de foi ont tendance à avoir eux-mêmes des niveaux plus élevés de maturité spirituelle.[298] La responsabilité et le mentorat sont très appréciés des milléniaux.

Des milliers de jeunes adultes s'installent dans des quartiers de centres urbains revitalisés et souvent embourgeoisés. Ils ont été appelés la « nouvelle intelligentsia urbaine » et restent la »population la moins évangélisée d'Amérique aujourd'hui. »[299] Le fait qu'ils se trouvent là où l'église n'est pas exprime la nature critique de l'implantation d'églises en milieu urbain aujourd'hui.

Communautés missionnaires

Un changement est en train de s'opérer entre l'approche christique de l'église d'attraction (basée sur l'invitation, rassemblement collectif) et l'approche post-chrétienne de l'église d'incarnation (basée sur la culture, envoi collectif).[300] L'approche établie/héritée se concentre sur les méthodologies de l'église d'attraction (amener un ami le dimanche, les spectacles de Noël, inviter les voisins à participer). L'approche incarnée quant à elle se concentre sur les méthodologies existentielles et incarnées (ministère dans les cafés, rassemblements plus petits, groupes de voisinage). Le problème de cette dichotomie est qu'elle projette une mentalité de l'un ou l'autre alors qu'en réalité, toutes les églises devraient reconnaître la nécessité des deux. Le meilleur des méthodes du mode attractionnel combiné au meilleur des méthodes du mode incarnationnel produit des communautés de foi missionnaires. Les communautés missionnaires se situent à l'intersection des expressions attractionnelles et incarnationnelles. Hjalmarson souligne que, si les communautés missionnaires sont fidèles à leur objectif, elles se rassemblent et sont attractives.[301]

Les communautés missionnaires accueillent et engagent, invitent et envoient. « Les communautés missionnaires existent au même rythme que la vie de la Trinité : vers l'intérieur dans l'amour, vers l'extérieur dans la mission. L'amour débordant de la vie en communauté aboutit à la mission. »[302] Une expression renouvelée de l'implantation d'églises est nécessaire pour démontrer le meilleur de la communauté missionnaire dans le contexte des quartiers urbains. Les communautés missionnaires seront explorées dans le chapitre suivant à travers le modèle de l'église paroissiale.

Une église pour la ville :
Kirche in Aktion (Wiesbaden, Allemagne)

La première fois que le révérend Robert Stoesser a été invité à un culte de *Kirche in Aktion*, il admet qu'il y est allé surtout parce qu'il se tenait dans son restaurant préféré dans sa ville natale de Francfort, en Allemagne (voir le chapitre 4 pour en savoir plus sur les débuts de KIA en Allemagne). Stoesser a été baptisé lorsqu'il était enfant et a assisté à des messes catholiques pendant plusieurs années, mais lorsqu'il a assisté pour la première fois à un culte de *Kirche in Aktion,* il se décrit comme ayant été plus une personne spirituelle qu'un chrétien. Pourtant, il a été enthousiasmé par le travail de ce groupe de chrétiens. Il est rapidement devenu un participant régulier aux projets de la Communauté en mission, aux cultes d'adoration et même aux voyages missionnaires à l'étranger.

L'appel du pasteur Robert au ministère est arrivé peu de temps après sa décision de suivre pleinement le Christ, après qu'une nouvelle entreprise commerciale se soit effondrée et qu'il ait compris qu'il était destiné à mettre ses dons au service de l'église. Il a commencé un programme d'études supérieures en théologie et a été très vite invité à diriger une assemblée KIA qui avait commencé deux ans auparavant dans la ville voisine de Wiesbaden.

Peu de temps après son installation, le pasteur Robert a constaté qu'il y avait un nombre étonnamment élevé de réfugiés iraniens et afghans dans la ville et ses environs. L'église a commencé à organiser des dîners de bienvenue pour les familles de réfugiés dans le café où elle se réunissait, et ce fut le début d'amitiés durables qui ont donné naissance à une assemblée parlant farsi moins d'un an plus tard. Lorsqu'ils ont reconnu le besoin d'un culte en langue farsi, le pasteur Robert et son assistant, Daniel Atkins, ont proposé d'alterner la langue chaque semaine, avec l'allemand une semaine et le farsi la suivante. Mais il s'est rendu compte que le format du culte changeait également avec la langue, car les locuteurs du farsi d'origine musulmane avaient tellement de questions qu'ils étaient avides d'en discuter pendant le sermon.

Dans un climat politique souvent passionné et hostile aux immigrants, l'assemblée allemande et farsi de soixante personnes a certainement vu le ciel se matérialiser en son sein. »Nos voisins réfugiés réinstallés ici nous font honte par leur hospitalité », déclare le pasteur Robert. Et les fidèles allemands sont désireux d'apprendre de leurs voisins iraniens et afghans, dont une poignée vient au culte en farsi pour apprendre la langue. Près de la moitié des fidèles parlant farsi viennent désormais aussi au culte allemand, même s'ils ne connaissent pas encore l'allemand, parce qu'ils ne veulent pas attendre deux semaines entre les cultes.

Le pasteur Robert a également appris une nouvelle langue pour communiquer l'Évangile à des personnes qui n'ont jamais connu que l'islam. Ayant étudié leur culture de l'honneur et de la honte, il s'efforce de créer un espace où les gens peuvent se débarrasser de leur honte. Il fait des analogies avec le football pour apprendre à jouer avec Jésus comme entraîneur, et il donne aux gens la latitude de prendre part au culte d'adoration afin d'« essayer » le christianisme, comme l'on essaie des vêtements dans un vestiaire avant de les acheter. « Toutefois, au baptême, dit-il, on change complètement de vêtements. »

La ville de Wiesbaden a traditionnellement été un centre de guérison dans la région, tirant son nom des sources chaudes naturelles qui attirent les gens dans la ville depuis l'époque de l'Empire romain. L'église KIA de Wiesbaden a intégré cette histoire dans son propre récit, alors qu'elle s'associe à Dieu pour apporter la guérison à tous dans sa ville.

Réflexion ou discussion

1. Examinez les différents types d'églises urbaines décrites dans la première partie de ce chapitre. Quelles sont les assemblées dans votre ville que vous considéreriez comme établies, basées sur le ministère de la compassion, ou centrées sur la communauté des migrants ? Qu'est-ce que chacune de ces assemblées fait de bien, et comment pourriez-vous apprendre d'une ou plusieurs d'entre elles et/ou établir un partenariat avec elles ?
2. Qu'est-ce qui vous surprend ou vous interpelle le plus au sujet de la génération des milléniaux, que certains considèrent comme le plus grand groupe de personnes non atteintes aux États-Unis ?
3. Pour les milléniaux qui se soucient profondément de l'authenticité et de l'action, être en mission est attrayant. Comment cette évolution de la pensée pourrait-elle produire un changement dans l'église ?

Pratique en ville :
Expérience interculturelle[303]

Cette semaine, faites l'effort de passer du temps dans un endroit où la culture dominante est différente de la vôtre. Faites vos courses dans un marché ou une épicerie internationale. Adorez dans une assemblée dont la majorité des membres n'ont pas la même couleur de peau ou la même langue que vous. Mangez dans un restaurant où le menu n'est pas imprimé en anglais. Remarquez ce qui vous met mal à l'aise et ce qui vous donne le sentiment d'être le bienvenu. Soyez un observateur des différences, mais efforcez-vous de ne pas juger si quelque chose est meilleur ou pire que ce à quoi vous êtes habitué. Demandez à l'Esprit de vous aider à voir Dieu à l'œuvre dans les lieux et les langues que vous ne comprenez pas. Priez aussi pour que vous ayez un désir renouvelé d'offrir l'hospitalité et la compassion à ceux qui ont le sentiment de ne pas être à leur place dans les endroits où vous allez habituellement.

LA VILLE _____

9
L'ÉGLISE PAROISSIALE

La nouvelle expression des communautés missionnaires qui est fidèle à la tradition wesleyenne de la sainteté est le modèle de l'église paroissiale. Ce sont des églises qui sont reliées à un lieu et à un peuple par une géographie praticable et des réseaux relationnels. La paroisse est un espace géographique dans lequel opère une église. Lorsque John Wesley a dit : « Je considère le monde entier comme ma paroisse », il ne voulait pas dire que le monde était son église ; il voulait dire que le monde entier est l'espace géographique dans lequel il partagerait volontiers la grâce transformatrice de Dieu.[304] Il est peu probable que Wesley ait cru qu'il allait parcourir le monde et prêcher l'évangile. C'était plutôt sa manière de dire que l'évangile ne devrait jamais être relégué à une église particulière ou confiné dans un bâtiment. C'était une déclaration missionnaire qui affirmait l'idée de Wesley selon laquelle l'église est un peuple envoyé. Henry Knight et Doug Powe sont d'accord : « 'Le monde est ma paroisse' est une affirmation qui libère l'évangile des murs de l'église physique. »[305]

La mentalité évangélique actuelle a souvent extrait les chrétiens de la culture d'accueil dans la zone de sécurité de l'église locale. Cette stratégie a pour double objectif de protéger des dangers potentiels d'un mode de vie séculier et de maintenir les programmes et l'infrastructure de l'église. Bien qu'il y ait des incursions occasionnelles dans la culture pour des occasions d'évangélisation et de service, l'idée est d'extirper les personnes de leur culture d'accueil afin de les amener dans la zone de sécurité de l'église le plus rapidement possible. Le résultat involontaire de cette façon de penser est le désengagement des chrétiens des quartiers où ils vivent et travaillent et, pire encore, un éloignement de leurs voisins non chrétiens.

Un modèle d'église paroissiale rejette l'état d'esprit de l'extraction et embrasse un mode de vie incarnationnel. Tout comme Jésus s'est incarné en tant que « Parole [faite] chair et a habité parmi nous » (Jean 1 :14), une église paroissiale vise à s'installer et à demeurer dans un quartier. L'implantation d'églises en servant du procédé de l'incarnation est plus qu'un envoi, c'est une résidence.

Ce procédé va au-delà d'un simple mouvement vers ; cela implique de vivre carrément au milieu du monde.

Bien qu'atteindre une ville entière pour le Christ soit un objectif louable, une approche wesleyenne de la sainteté tient compte des localités. Au lieu de penser de manière générale à l'implantation d'églises dans une métropole, un modèle wesleyen de la sainteté commencera à se concentrer sur l'implantation d'églises dans les quartiers. Les villes sont un réseau complexe de nombreux quartiers différents, chacun d'entre eux appelant une exégèse et une contextualisation soigneuses. Ce qui peut être efficace dans une partie de la ville sera peut-être inefficace dans une autre zone. Une approche wesleyenne de la sainteté choisirait d'implanter une église dans un quartier comme Wicker Park, plutôt que dans le métropole de Chicago ; ou dans la région de Sandton à Gauteng, plutôt que dans le grand Johannesbourg ; ou près des tours d'habitation de la 5e Avenue et de Pine Street. Cette approche repositionne l'église comme un endroit où l'on *vit* plutôt que comme un endroit où l'on *se rend*.

Diana Butler Bass encourage la récupération de la pratique du lieu à travers une paroisse de village. Elle décrit la pratique historique de la paroisse comme une église locale au service de sa communauté immédiate, dont le pasteur et les membres étaient intimement liés à la vie du village, positionnés comme un point central d'hospitalité et de charité.[306] Se concentrer sur la communauté géographique de manière intense est plus décentralisé que le modèle commun d'églises établies et centralisées.

Les avantages du concept d'église paroissiale dans le contexte urbain sont nombreux. Des communautés plus petites et proches les unes des autres peuvent permettre à leurs membres d'entrer en contact les uns avec les autres dans une communion plus intime de partage de la vie communautaire tout au long de la semaine, plutôt que le dimanche exclusivement. Le problème de l'identification de grands espaces de réunion qui prévoient un parking est également minimisé lorsque le groupe n'a pas besoin de lieux pouvant accueillir une foule et lorsque les membres peuvent se rendre à pied aux points de rassemblement. Le modèle d'église paroissiale permet à chaque groupe de « penser de manière contextuelle et unique au service, au ministère et à l'évangélisation dans leurs quartiers respectifs ». Lorsque les gens donnent, servent et investissent dans leur quartier, cela peut augmenter leur niveau d'engagement et renforcer le lien entre les paroissiens et leurs voisins. Cela permet un ministère d'incarnation « parce qu'il maximise la connaissance d'un quartier par les personnes qui y vivent ».[307]

Le modèle paroissial d'implantation d'église opte donc pour une concentration basée sur la géographie plutôt que sur la démographie. Elle n'ignore pas les groupes spécifiques qui nécessitent une concentration particulière, mais elle se concentre sur l'hétérogénéité plus large du quartier dans son ensemble. Si l'homogénéité démographique peut permettre une croissance numérique plus rapide, elle a aussi un inconvénient : »Elle a pour effet de faire de l'église un sous-ensemble de la société séculaire, plutôt qu'une manifestation sur terre du royaume du Christ.[308]

Parce que ce modèle est basé sur la conviction que chaque paroisse locale a la responsabilité spirituelle d'une zone géographique spécifique, alors la proximité, la permanence et l'interdépendance sont cruciales pour atteindre la transformation du quartier.[309] Réfléchissant à l'idée de reconquérir le modèle de l'église paroissiale, Leonard Hjalmarson propose une alternative à l'extraction et une invitation à l'incarnation : « La paroisse n'existe pas dans le mode dualiste, isolé et protecteur commun aux églises évangéliques occidentales : elle fait des préoccupations du [quartier] ses propres préoccupations. Elle n'existe pas non plus dans le mode de conversion individualiste de l'église évangélique typique : son objectif est moins la conversion des individus, bien que ce soit une bonne chose, et plus la transformation du [quartier]. »[310]

Partant de l'hypothèse qu'une assemblée locale est investie dans la communauté dans laquelle elle existe et qu'elle s'en soucie, un réseau d'églises urbaines fait référence à la présence incarnée dans les quartiers locaux comme « racontant l'histoire, annonçant et pratiquant le chemin de Jésus ».[311] L'aspect service de ce modèle paroissial repose sur deux questions importantes, suivies d'une déclaration d'intention : « Et si l'église se voyait engagée dans une relation d'amour avec son voisinage ? A quoi ressemblerait une église qui « romantiserait » la ville dans laquelle elle célèbre son culte ? À cette fin, chaque assemblée cherchera à discerner les façons dont Dieu est actif dans sa communauté, puis tentera de s'associer et de s'impliquer.[312]

Le ministère incarné, basé sur la géographie, soutient que le lieu a vraiment de l'importance. « C'est une façon de dire : 'Je crois en l'incarnation'. Avoir une eschatologie terrestre en fait partie. »[313] Le pasteur urbain Ray Cannata soutient que l'amour de nos voisins commence là où ils vivent. « L'église paroissiale cherche à faire partie de la réponse de Dieu pour le quartier. Cela signifie que nous mettons la barre plus haut en matière d'engagement. Nous demandons aux membres d'être très engagés dans le ministère. Nous demandons : « Êtes-vous prêt à faire des problèmes d'un quartier vos problèmes en étant le sel et la lumière ici ? »[314]

Pour avoir un impact maximal en tant que sel et lumière dans un espace urbain, il faut une communauté de foi qui travaille ensemble. Le modèle de l'église paroissiale est un moyen viable pour le corps du Christ de s'installer dans un quartier. Il est non seulement essentiel pour atteindre les quartiers urbains pour le Christ, mais il est aussi parfaitement aligné avec les idées wesleyennes de la sainteté au sein de l'église.

Modèle d'église paroissiale : l'Église du Nazaréen de la 8th Street

L'église de la 8th Street à Oklahoma City, Oklahoma est une assemblée nazaréenne qui a adopté le modèle d'église paroissiale urbaine. L'église de la 8th Street a été lancée comme une implantation d'église en novembre 2015, mais le rêve pour elle a été envisagé plusieurs années auparavant.[315] Reconnaissant que le quartier du centre/centre-ville d'Oklahoma manquait d'une présence wesleyenne de la sainteté, les pasteurs Chris Pollock et Michaele LaVigne ont commencé à rêver à l'implantation d'une église au cœur d'Oklahoma City. Pollock et LaVigne m'ont fait part, par écrit et verbalement, de la façon dont ce rêve a commencé à prendre forme et des fruits de leur travail.

Après de nombreuses années de négligence, le centre-ville d'Oklahoma City a été revitalisé et a commencé à réapparaître comme l'épicentre du commerce, de l'économie, du divertissement, de l'art, de la musique et de la vie résidentielle. En 2013, il y avait environ quarante églises nazaréennes dans les environs de la région métropolitaine d'Oklahoma City. Pourtant, dans le centre-ville où la population est la plus élevée, il n'y avait que cinq assemblées nazaréennes. L'une d'entre elles comptait plus de quatre-vingts fidèles par semaine, les quatre autres en comptaient moins de vingt en moyenne.[316]

Reconnaissant le besoin d'une nouvelle expression, Pollock a commencé à développer un plan d'action pour une implantation d'église urbaine qui a été présenté à l'église mère potentielle. Son prospectus soulignait trois raisons générales pour lesquelles de nouvelles églises dynamiques sont nécessaires :

(1) les nouvelles églises sont celles qui atteignent le mieux les perdus et ceux qui ne vont pas à l'église ; (2) les nouvelles églises sont celles qui atteignent le mieux les nouvelles générations et les nouveaux groupes de personnes ; et (3) les nouvelles églises urbaines sont celles qui suivent le mieux le modèle du Nouveau Testament et de l'Église du Nazaréen. En outre, Pollock a proposé quatre raisons spécifiques pour lesquelles cette implantation d'église était nécessaire : (1) l'appel vocationnel de l'Église du Nazaréen est de se déplacer stratégiquement vers les groupes de personnes non atteintes ; (2) il est important de refléter et de rester fidèle à notre héritage ; (3) Oklahoma City exerce une influence dans la culture plus large ; et (4) il y a une indifférence spirituelle à l'évangile, et les jeunes adultes sont une génération en crise.[317]

Pour Pollock, la question des jeunes adultes s'articule autour du fait que « ces derniers ont toujours été présents de manière disproportionnée dans les nouvelles assemblées » et que « le début de l'âge adulte est une période d'exploration et, en général, à cette époque de la vie, les engagements sont temporaires ». Pollock poursuit en disant que « beaucoup n'ont pas d'attachement aux membres de la famille, aux amis et aux idéaux personnels. On peut donc supposer que sans ces attachements (indications d'un manque de capital social), les jeunes adultes n'ont pas d'attachement permanent à une communauté de foi ou à un ensemble de croyances doctrinales. Même si la spiritualité chrétienne concerne essentiellement la relation et la connexion à Dieu par le Christ et aux autres par l'action du Saint-Esprit, la religion est un sujet isolé et personnel pour la plupart des jeunes adultes. »[318]

Pollock et LaVigne ont commencé à imaginer une histoire d'espoir pour le centre/centre-ville par le biais d'un groupe de personnes qui ne se contentaient pas de fréquenter une église mais qui s'engageaient à être l'église ; qui ne se rassemblaient pas seulement en tant qu'église le dimanche (attractionnelle) mais qui se dispersaient aussi *en tant* qu'église tout au long de la semaine (incarnationnelle). Pollock a écrit :

> Imaginez une église où le lundi jusqu'au samedi est tout aussi important que le dimanche. Imaginez un peuple, engagé dans la communauté, travaillant ensemble pour la gloire de Dieu et le bien de notre ville. Imaginez des petits groupes de gens ordinaires dispersés dans toute notre ville, vivant de manière missionnaire

afin d'apporter la lumière de l'Évangile dans les quartiers et les réseaux relationnels – dans les quartiers de banlieue et les grandes entreprises ; parmi les artistes et les mécaniciens, parmi les professionnels de la santé et les étudiants internationaux. Imaginez une église qui sert de communauté des rachetées où les gens trouvent la sécurité, l'inclusion, la guérison et la transformation.[319]

Le modèle d'église paroissiale de la 8th Street a commencé à prendre forme autour de l'approche missiologique du ministère, selon laquelle une communauté de foi est établie dans un certain quartier de la ville et l'histoire chrétienne devient l'éthos de la communauté. M. Pollock, qui est également le pasteur principal de la 8th Street Church, commente : « En tant que peuple de Dieu, nous sommes des 'étrangers résidents' (marginaux) qui ont été appelés à s'occuper d'un lieu. Ce concept est holistique, et nous devons faire de gros efforts pour ne pas être impérialistes. »

En tant qu'église à vocation paroissiale, Pollock soutient que l'église doit s'engager dans trois tâches importantes. La première tâche consiste à « apprendre à connaître nos voisins ». Michaele LaVigne, pasteur de la formation spirituelle l'église de la 8th Street, est d'avis que : « Nous avons adopté l'idée d'une paroisse – d'être les gens d'un lieu, de prendre soin de ce lieu spécifique avec des frontières géographiques claires et des personnes qui s'y trouvent. » Cette approche comprend, sans s'y limiter, la nécessité d'apprendre à connaître d'autres églises et pasteurs établis, quelle que soit leur affiliation confessionnelle ou leur groupe linguistique, d'autres communautés de foi chrétiennes et non chrétiennes, des propriétaires d'entreprises établies, les forces de l'ordre locales, les hôpitaux et autres organisations axées sur les services, ainsi que les organisations à but non lucratif.

La deuxième tâche consiste à « être de bons voisins, ce qui commence par une bonne écoute ». Dans toute ville existante, il y a déjà des ministères et des services communautaires établis, mais pour diverses raisons économiques, politiques et sociologiques, ils n'ont pas assez de ressources ou de personnes pour soutenir le travail. « Une église de modèle paroissial cherche à être de bons voisins en discernant le 'bon travail (évangélique)' que d'autres font déjà et en s'y associant. » Selon Pollock, les nouveaux ministères ne sont pas lancés sans une écoute, un discernement et une prière considérables pour permettre à l'église paroissiale de décider de son rôle le plus approprié dans la vie du quartier.

La troisième tâche consiste à reconnaître que le « public cible est celui qui vit à distance de marche ou de vélo du lieu de culte ». M. Pollock explique : « Bien que tout le monde soit le bienvenu, tout ce que fait notre église est d'abord et avant tout au service de ceux qui vivent à proximité. » Le but incarné d'être de bons voisins est la raison pour laquelle Pollock et LaVigne ont choisi de déménager leurs familles dans le quartier où se trouve le bâtiment de l'église. LaVigne réitère ce point : « Nous voulons être de bons et utiles voisins. Et nous prenons le mot « voisins » dans un sens très littéral. Nous voulons connaître nos voisins, les personnes qui vivent, travaillent et font leur vie autour de nous. Et nous voulons qu'ils nous connaissent comme de bons voisins qui sont utiles, qui fournissent des soins et des ressources à nos voisins et à notre voisinage. »

Le modèle wesleyen de la sainteté adopté par l'église paroissiale de la 8th Street est une approche holistique qui met l'accent sur l'espace, le lieu et les personnes. En ce qui concerne l'espace, Pollock soutient que le modèle paroissial doit se demander comment sa propriété, ou son lieu de culte, est perçue dans le quartier. Est-ce qu'il accapare des ressources à des fins égoïstes, comme par exemple les énormes zones de stationnement qui prennent le dessus sur les espaces verts ? L'espace raconte-t-il une histoire sacrée mais bonne ? L'espace est-il utilisé comme un don pour servir le quartier en offrant un sanctuaire et la sécurité ?

Les questions relatives au lieu sont également importantes pour l'identité du modèle d'église paroissiale. Pollock demande : l'emplacement de l'église, à la fois le bâtiment et les personnes, offre-t-il des ressources qui rendent indirectement meilleur ou pire le lieu où les gens vivent et font leur vie ? Les membres de la communauté missionnaire peuvent-ils imaginer que leur rôle est celui de la rédemption ? Les quartiers embourgeoisés rapportent de l'argent, mais les chrétiens de ce contexte particulier pensent-ils aux services qu'ils peuvent mettre en place pour que tous les habitants du quartier aient une chance sur le plan économique ?

Si l'église paroissiale se soucie de son quartier, elle aidera les gens à trouver un emploi. Cela implique la création d'entreprises et de centres de formation ainsi que l'offre de bourses d'études et de possibilités de formation. Les questions de personnes sont tout aussi importantes que les questions d'espace et de lieu : la communauté de foi défend-elle la justice parmi ses voisins ? S'implique-t-elle dans la politique locale ? Se voit-elle à la lumière de la grande histoire chrétienne afin que l'égalité des droits soit établie dans la région ? Les jeunes ont-ils une chance parce que les écoles locales sont soutenues par l'église ? Les membres de l'assemblée s'élèvent-ils contre les préjugés ? La 8th Street Church s'efforce toujours de progresser dans ces aspects du ministère.

Avec cette approche holistique du ministère paroissial, la 8th Street Church a commencé à se réunir dans un espace partagé hébergé par une autre église locale dans le centre-ville jusqu'à ce qu'elle puisse trouver un lieu permanent. LaVigne déclare que, dès les premiers jours de l'implantation de l'église, elle et Pollock voulaient se concentrer sur plusieurs éléments clés, entre autre la rénovation d'un bâtiment urbain. En raison de l'exode des Blancs dans les années 1970 et 1980, des bâtiments et des quartiers du centre-ville riches en histoire et à l'architecture complexe ont été laissés à l'abandon et en désordre. « Parce que nous reconnaissons que notre Dieu fait toutes choses nouvelles », a expliqué LaVigne, « nous voulions participer à ce travail de remise à neuf des vieilles choses. » Pollock a souligné cette priorité : « Au début de ce projet d'église, nous avons commencé à prier pour un foyer pour notre église. Nous voulions quelque chose qui ait une histoire et qui puisse nous enraciner dans un quartier. Notre rêve est de réimaginer ce que l'église peut être ; nous voulons être un peuple d'acceptation et d'appartenance, nous voulons construire un lieu pour se rassembler, prier, raconter des histoires, partager des luttes, célébrer ensemble et servir. Nous appelons ce genre d'endroit une église, ce qui n'est qu'une autre façon de dire : « Nous voulons offrir un foyer à ceux qui en ont besoin. »[320]

Ils ont trouvé un ancien bâtiment de l'église méthodiste au Nord-Ouest de la 8th Street, qui était vacant depuis plusieurs années. Construit par la Première Assemblée méthodiste allemande en 1907, c'est un bâtiment de 7 500 pieds carrés construit avec beaucoup de soin et de savoir-faire. Une grande peinture à l'huile originale représentant la marche de Jésus vers Emmaüs se trouve encore dans l'église aujourd'hui, ainsi que vingt-deux vitraux complexes de Jacoby. En 2011, l'hôpital St. Anthony, situé à côté de la structure de l'église, a acheté le bâtiment. Des discussions ont été entamées entre St. Anthony et la assemblée de l'église de la 8th Street (alors appelée l'église du centre-ville), et il est rapidement apparu que tous deux étaient intéressés par la restauration du bâtiment et la création d'une église de quartier. L'hôpital a proposé de vendre le bâtiment à l'assemblée au même prix qu'elle l'avait acheté, malgré l'embourgeoisement important qui a entraîné une hausse des coûts dans le voisinage immédiat. En outre, un partenariat permanent de services partagés entre l'église et l'hôpital a été mis en place pour les connexions et le soutien futurs.

La jeune assemblée a lancé une campagne de financement pour acheter et restaurer l'établissement avec le slogan : « Créons du neuf à partir du vieux' »[321]. LaVigne souligne : « Notre désir est d'offrir ce bâtiment en cadeau à la ville, et puisse sa restauration être un signe physique de la restauration que nous voulons voir dans notre paroisse et notre ville. »[322] Chaque dimanche pendant des mois, les fidèles ont partagé des déclarations rédigées dans la prière sur le thème « Mes rêves de la 8th Street » lors d'un culte religieux. Un membre, Evan Mosshart, a fait remarquer : « C'est un sentiment merveilleux que de redonner à quelque chose sa véritable gloire, de le ressusciter et de ranimer sa vitalité. Mais mon rêve va au-delà du bâtiment. Je rêve d'une église où nous connaissons les gens qui nous entourent ; pas seulement leurs noms mais les histoires de leurs vies. »[323] En 2018, la 8th Street Church a terminé son projet de rénovation, de restauration et de remodelage.

Un deuxième élément clé pour Pollock et LaVigne était de créer des liens et une communauté. La connexion est liée à de vraies conversations entre les membres et les voisins, qui sont ouvertes, honnêtes et fidèles à la vie. LaVigne affirme : « Nous nous engageons à avoir de vraies conversations afin de développer de vraies relations les uns avec les autres. Nous voulons donner aux gens un lieu d'appartenance véritable et des moyens de servir. Cela ne peut se faire que si nous avons l'intention de nous connaître, d'écouter les histoires des autres et de valoriser nos différences. » Pour ce faire, la 8th Street Church a cherché à établir des relations avec d'autres personnes qui ne sont pas comme elle.

LaVigne réitère : « En tant qu'assemblée et en tant qu'individus, nous avons développé des partenariats et des amitiés avec des églises et des dirigeants de la ville qui ne sont pas comme nous ; ceux qui n'ont pas la même couleur de peau, le même contexte économique, la même langue, ou même la même théologie. » L'église s'est fixée comme priorité de se réunir tous les mois pour manger, s'amuser et partager des expériences. L'énoncé de la vision de la 8th Street Church est le suivant : « Nous favoriserons de vraies relations en ayant de vraies conversations les uns avec les autres par le biais de nos services de culte, de nos groupes paroissiaux et de nos fêtes. »[324] L'église recherche toutes les occasions de renforcer des liens et des relations authentiques.

Une autre facette importante est ce que Pollock et LaVigne ont appelé « marcher sur le chemin de Jésus ».[325] LaVigne commente : « Parce que Jésus nous offre une nouvelle façon de faire la vie, c'est la façon dont nous voulons marcher ensemble. Nous voulons être des gens d'actions, pas seulement de paroles. » Ces actions comprennent des pratiques saintes telles que le culte, les groupes paroissiaux et le service dans la tradition wesleyenne de la sainteté.

En ce qui concerne l'adoration l'église de la 8th Street s'est engagée à suivre les saisons chrétiennes, les textes du lectionnaire et les anciens credo pour façonner l'adoration lors des cultes du week-end. Pollock estime que ces engagements « nous ont permis de comprendre la vue d'ensemble de l'histoire de Dieu à laquelle nous sommes invités ». Les sacrements sont régulièrement célébrés et ouvertement mis en avant en tant que moyens de grâce qui sont un « signe extérieur d'une grâce intérieure », où « Dieu fait quelque chose pour nous que nous ne pouvons pas faire par nous-mêmes ».[326]

Chaque semaine, l'Eucharistie est le point culminant du culte religieux et est une table ouverte, « ce qui signifie que toute personne ouverte à la bonne œuvre de Jésus est invitée à recevoir le pain et le vin lors de la sainte cène », qu'elle soit membre de l'église ou non. Du vin sans alcool et du pain sans gluten, tous deux clairement annoncés, sont servis afin que personne ne soit gêné. Le dirigeant du culte fait souvent le lien avec l'histoire de l'Église du Nazaréen en disant : « Historiquement, notre dénomination a été enracinée dans l'aide aux personnes souffrant de dépendances..... . [Comme nos pères fondateurs], nous voulons qu'il n'y ait pas de barrières. »[327] Tous les éléments du culte d'adoration de la 8th Street Church sont intergénérationnels et s'efforcent d'être artistiques et utiles, en veillant tout particulièrement à s'enraciner dans les Écritures, la tradition, la raison et l'expérience.

La pratique consistant à raconter de bonnes histoires a lieu chaque semaine pendant le culte d'adoration de l'église de la 8th Street. La communauté rassemblée proclame son identité et sa mission par une lecture réactive marquée par sa clarté et sa poésie. Un leader désigné, toujours différent, qu'il s'agisse d'un enfant, d'un adulte âgé ou de quelqu'un entre les deux, dira :

L'ÉGLISE PAROISSIALE

> Bonjour, je m'appelle [ ]
> et je suis ici parce que [ ].

> Veuillez écouter et répondre à ces mots aujourd'hui. Nous sommes réunis ici pour dire la vérité : en effet, quand nous étions encore pécheurs, Dieu est mort pour nous en guise de solidarité. Et à présent, vous et moi sommes pardonnés, libres et adoptés dans la famille de Dieu. Nous ne sommes pas seuls. Nous appartenons à Dieu et aux uns les autres. Nous sommes le peuple de Dieu, riche et satisfait, un peuple de paix, de réconciliation et d'amour.

> Le peuple : Parce que Jésus a été le meilleur voisin pour nous, nous serons de bons voisins les uns pour les autres.

> Tous : Nous sommes donc réunis ici aujourd'hui pour dire la vérité : nos vies sont meilleures lorsque nous sommes voisins.

> Le peuple : Nous nous aiderons les uns les autres de manière concrète, et nous aurons de vraies conversations les uns avec les autres.

> *Dirigeant* : Nous ne sommes pas tous les mêmes, mais nous sommes tous prêts pour la transformation.

> Le peuple : Faisons donc ensemble l'œuvre réelle et bonne de Dieu.

> *Dirigeant :* Nous sommes réunis ici pour dire la vérité :

> Tous : Nous serons une communauté spirituelle d'espoir et de transformation qui vit le chemin de Jésus ![328]

Après cette lecture réactive, le lecteur invitera l'assemblée à participer à la pratique de bon voisinage suivante :

> Chaque semaine, nous disons ces mots sur ce que nous voulons être, mais nous adoptons aussi des pratiques qui nous aident à devenir ce que nous voulons être. Dans une minute, nous aurons

trois minutes pour nous parler les uns aux autres. Alors, dès maintenant, regardez dans la salle. Trouvez un enfant ou un adulte que vous ne connaissez pas bien, que vous n'avez pas vu depuis longtemps ou que vous n'avez jamais vu auparavant. Pendant quatre-vingt-dix secondes, vous lui parlerez de vous ; qui vous êtes, ce que vous aimez et pourquoi vous êtes ici. Ensuite, vous pourrez les écouter parler d'eux. Nous vous donnerons quelques secondes pour trouver quelqu'un, puis il y aura un compte à rebours sur l'écran pour que vous sachiez combien de temps vous avez.[329]

Après les trois minutes de conversation, l'un des pasteurs présente le conteur de la semaine. Chaque semaine, un paroissien raconte pendant cinq minutes l'histoire de sa vie, notamment comment il est arrivé à la 8th Street Church et pourquoi il a choisi d'en faire sa communauté de foi.

La 8th Street Church suit le chemin de Jésus en se réunissant en groupes paroissiaux tout au long de la semaine. Ces groupes se réunissent dans les quartiers de la communauté et sont composés de personnes qui vivent les unes à côté des autres. LaVigne note : « Les groupes paroissiaux existent pour prendre soin les uns des autres et pour travailler ensemble pour prendre soin des autres alors que nous apprenons à marcher ensemble sur le chemin de Jésus. C'est là que nous, en tant qu'individus et en tant que corps corporatif, trouvons ensemble comment faire réellement les choses que nous disons vouloir faire : être des voisins bons et utiles, établir des liens et trouver une communauté avec les autres, faire partie de la bonne œuvre de Dieu qui se produit tout autour de nous. »

Le concept d'individus qui « réfléchissent à la manière de faire réellement les choses que nous voulons faire » s'aligne sur la pratique wesleyenne de la réunion de classe.

La 8th Street Church reconnaît que la responsabilité envers un groupe paroissial est une forte motivation pour ce qui se passe dans la vie d'une personne au cours de la semaine. Les pratiques saintes sont des disciplines régulières qui forment spirituellement les croyants ; ces pratiques sont soutenues par une responsabilité permanente envers les personnes dont nous sommes responsables et qui sont responsables de nous.

La composante de culte de la 8th Street Church comprend un engagement à servir les personnes du voisinage immédiat de la paroisse. Nombre de ces voisins sont pauvres, sans abri et handicapés mentaux. Cet engagement envers les pauvres et les marginaux est explicitement souligné dans le langage médiatique et marketing de l'église de la 8th Street : « À ses débuts, notre dénomination a créé des églises dans le centre urbain et s'est concentrée sur trois choses : un engagement envers les villes et les pauvres, une participation active aux questions sociales, et une doctrine de l'espoir. Notre désir est de revenir à ces questions essentielles en étant une présence fidèle en périphérie et au centre/centre-ville. »[330] Pollock est convaincu que le ministère auprès des pauvres et avec eux est un moyen de grâce nécessaire à la formation spirituelle de l'assemblée et de la paroisse du quartier. Pollock ajoute : « Nous avons constaté que lorsque nous nous engageons auprès de nos voisins, en particulier ceux qui ne sont pas comme nous, c'est nous qui sommes transformés. Ce qui, je pense, est l'essence même de l'éthique sociale de Wesley. »

La 8th Street Church étudie, envisage et rêve de développer un organisme à but non lucratif pour acquérir des biens immobiliers commerciaux. Ainsi, les propriétés seraient des endroits où ils pourraient améliorer le quartier et travailler avec des jeunes entrepreneurs afin de lancer des entreprises à but lucratif orientées vers le service qui amélioreraient l'économie du quartier et créeraient des emplois pour ceux qui résident non loin de l'église. Pollock déclare : « J'en viens à croire que pour les gens de notre région, le meilleur moyen d'accéder à Jésus est de trouver un emploi. » Les emplacements des entreprises deviendraient des lieux potentiels de démarrage pour d'autres églises.

L'exposition aux plus pauvres de la ville devient une question de discipulat essentiel pour les habitants de la ville dans l'expression de l'église paroissiale de l'ecclésiologie wesleyenne de la sainteté, qui est liée à la vision de la 8th Street Church, consistant à se connecter avec ses voisins jeunes adultes. Même si la paroisse de la 8th Street Church est en train d'expérimenter certaines caractéristiques de l'embourgeoisement, elle continue de maintenir des aspects propres au cercle de voisinage. Sean Benesh propose une vision pour les implantations d'églises paroissiales dans les quartiers centraux : « Je vois des chrétiens et des églises incarnant davantage le quartier, recherchant son *shalom*, et étant plus organiques dans leur expression liturgique. Ils s'identifieraient intentionnellement aux pauvres et aux marginaux. Ces types d'églises sont nécessaires parce qu'elles reflètent la dynamique de leurs quartiers. »[331]

Cette attitude est à l'opposé de l'installation dans des quartiers embourgeoisés, « chics, branchés », ce que la classe créative a tendance à faire. Le modèle de l'église paroissiale est la voie d'incarnation qui montre plus profondément la *raison d'être* de l'Église du Nazaréen et de la vision de la 8th Street Church. Comme l'affirme Kenneth Carder, ces relations mutuellement bénéfiques entre les pauvres et la communauté de foi peuvent être la grâce salvatrice du modèle de l'église paroissiale.[332] Elles peuvent également constituer un test pour l'herméneutique de l'amour. Selon Benesh, « il est facile d'aimer une ville et des parties de la ville qui sont belles, bien entretenues et sûres. Lorsque les villes sont indésirables, dangereuses et sauvages, notre amour est véritablement mis à l'épreuve. »[333]

La 8th Street Church est un excellent exemple du modèle d'église paroissiale dans la tradition wesleyenne de la sainteté. L'église trouve un moyen de prendre les qualités uniques de la théologie wesleyenne de la sainteté et de les incorporer dans les pratiques essentielles de l'ecclésiologie de wesleyenne de la sainteté. Bien qu'une forme du modèle d'église paroissiale ne doive pas être reproduite, la 8th Street Church demeure un exemple de pratiques fidèles et durables qui prennent au sérieux la vie missionnaire et le ministère d'incarnation.

Une église pour la ville : Église Many Nations (Fort Wayne, IN)

Le pasteur Javier Mandragon se souvient d'une église dans sa ville natale de Cuernavaca, au Mexique, près de laquelle lui et d'autres membres de gangs se retrouvaient pour boire. Ils entendaient des chants, et souvent les membres de l'église passaient à côté d'eux sur le chemin du culte, mais personne ne les invitait à entrer ou ne leur adressait seulement la parole. Depuis, presque tout a changé dans la vie du pasteur Javier, mais le souvenir de cette église est toujours présent. Devenu lui-même pasteur, il est déterminé à ce que personne ne vive une telle expérience dans le quartier de son église. »Nous ne nous contenterons pas d'ouvrir nos portes », dit-il, « mais nous les poursuivrons activement et raconterons l'histoire qui peut changer leur vie maintenant et pour toujours. »

En 2008, le district de l'Indiana du Nord-Est de l'Église du Nazaréen a invité le révérend Annette et le révérend Javier Mondragon à fonder une nouvelle église dans un quartier très pauvre et majoritairement noir du sud-est de Fort Wayne. L'église du nazaréen Grace Point, une assemblée de banlieue sur le côté nord de la ville, a aidé à lancer l'implantation de l'église. Les Mondragon disent qu'il n'a pas toujours été facile d'élever leurs enfants dans un quartier où la pauvreté et la criminalité sont élevées, mais ils sont restés parce qu'ils sont convaincus que Dieu veut qu'ils fassent partie du changement et de la guérison dans ce lieu.

Les Mondragon comprennent que la racine de la criminalité est la pauvreté et que la façon de briser complètement le cycle de la pauvreté est d'aider les gens à trouver des solutions, ce qui est exactement ce que l'église et son organisation partenaire, Bridge of Grace Compassionate Ministries Center, font dans leur quartier, Mount Vernon Park. Ils commencent non pas par se demander ce qui ne va pas dans la communauté, mais plutôt par se demander ce qui est bien et comment le rendre meilleure.

Lancé en 2011, Bridge of Grace achète et rénove de vieilles maisons dans leur quartier à faibles revenus, et les revend à des prix abordables pour aider les locataires à devenir propriétaires. L'association a également créé une aire de jeux et un espace de rassemblement en plein air dans le quartier, et elle acquiert des terrains vacants pour Habitat for Humanity afin de construire de nouvelles maisons. L'assemblée Many Nations a également mené des efforts pour nettoyer et améliorer la sécurité dans le quartier.

Mount Vernon Park est visiblement différent de ce qu'il était lorsque les pasteurs Javier et Annette sont arrivés en 2008. En 2018, le service de police a signalé que le taux de criminalité avait diminué de moitié. De nombreux représentants de la ville et entreprises s'associent au travail de l'église, et en 2019, le pasteur Javier a été nommé citoyen de l'année par le *Journal Gazette* de Fort Wayne. Pourtant, les Mandragon veulent voir la transformation dans les cinquante quartiers du sud-est de Fort Wayne : « Notre objectif est de créer ici un modèle que nous pouvons reproduire dans d'autres quartiers. »

Il est facile de voir le changement extérieur du quartier, mais il y a bien plus que du développement immobilier. L'assemblée Many Nations est le cœur et l'âme de la transformation de la communauté, le Journal Gazette local la décrivant comme « le centre d'une oasis en expansion ».[334] Douze nations sont représentées dans l'assemblée, et tous les cultes se déroulent en anglais et en espagnol. Ensemble, ils témoignent d'un nouveau mode de vie ; une vie d'amour unificateur, de grande espérance et d'objectif joyeux. Non seulement ils prêchent la bonne nouvelle, mais les pasteurs et les membres de Many Nations sont aussi une bonne nouvelle pour les habitants de Fort Wayne, dans l'Indiana.

Réflexion ou discussion

1. Quand avez-vous été témoin de quelqu'un qui suivait vraiment l'exemple de Jésus en vivant bien *au milieu* d'un peuple ?
2. Dans vos expériences de participation et/ou de direction d'assemblées, êtes-vous plus familier avec une approche basée sur la démographie ou sur la géographie ? Comment ces différences se traduisent-elles dans la vie quotidienne et dans la prise de décision ?
3. En considérant l'exemple de la 8th Street Church, quelles sont les activités ou les priorités que vous considérez comme uniques pour une assemblée à vocation paroissiale ?

Pratique en ville : Qui est mon prochain ?

Pensez aux limites géographiques de votre propre paroisse, en commençant par le kilomètre carré qui entoure votre église ou votre maison. Vous pouvez même imprimer une carte de cette zone pour vous aider à la visualiser. Inscrivez les noms des voisins que vous connaissez déjà : particuliers, entreprises, églises, organisations, écoles. Continuez à apprendre qui sont vos voisins en marchant ou en faisant du vélo autant que possible dans le quartier et en rendant visite aux personnes que vous rencontrez. S'il y a des écoles, des églises ou d'autres organisations communautaires présentes, fixez un moment pour rencontrer ces responsables. Utilisez ces connaissances pour vous aider à prier pour votre paroisse et à bien la planifier.

CONCLUSION

L'Église du Nazaréen a une réputation d'implantation d'églises urbaines établies, constituées d'immigrés et basées sur les ministères de la compassion. Ces trois types d'églises sont toujours nécessaires et seront renforcées en travaillant ensemble. Le modèle de l'église paroissiale a été largement inexploré et non testé dans les cercles wesleyens de la sainteté, et nécessitera l'intégration des méthodes précédentes avec un engagement renouvelé à un haut niveau de disciplat. L'ecclésiologie wesleyenne de la sainteté s'adapte naturellement aux expressions contextuelles de l'église paroissiale. Elle peut être efficace pour exercer un ministère parmi la classe créative et les milléniaux en mettant l'accent sur la compassion, le disciplat et la responsabilité.

L'optimisme de la grâce offre un message d'espoir et de croyance en une conversion authentique, qui change la vie, et une réelle transformation de la société. La vision eschatologique d'Esaïe 11 est à la fois une image et un paradigme du royaume de Dieu dans la ville. La position médiane, ou *via media*, permet le désordre de la ville, tant sur le plan méthodologique pour la mission que sur le plan structurel pour l'organisation de l'église. La flexibilité du royaume pacifique que l'on trouve dans la voie médiane correspond à la diversité nécessaire aux contextes spécifiques des quartiers.

Enfin, l'engagement envers la communauté chrétienne est une valeur de l'ecclésiologie wesleyenne de la sainteté qui appelle à vivre en proximité avec nos relations les plus proches. Le pouvoir de la responsabilité est nécessaire à la croissance en sainteté. Les dangers de l'individualisme, de l'isolement et de trop d'indépendance avec trop peu de responsabilité sont grands. David Fitch souligne la nécessité de la communauté pour guider les choix de style de vie : « Nous reconnaissons aujourd'hui que les forces consuméristes de notre royaume post-chrétien ne peuvent être combattues par des individus isolés. Un individu seul ne peut résister aux forces du désir qui nous disent qu'une maison à cinq chambres et deux nouvelles voitures sont plus importantes que la mission, la vie même que nous partageons avec le Dieu trinitaire. Nos communautés doivent donc être des lieux de formation spirituelle, de résistance aux forces de la distraction, du désir inassouvi et de l'exploitation de ceux que nous choisissons de ne pas connaître. » Les implications pour l'implantation d'églises urbaines dans la tradition wesleyenne de la sainteté sont profondes. Les assemblées doivent être particulièrement attirantes. Pour devenir des lieux où l'on expérimente la communauté, lorsqu'elle se fait rare. »[335]

Le discipulat urbain dans la tradition wesleyenne de la sainteté dépend des relations d'intégrité, de proximité et d'intensité. Il s'agit d'une voie prometteuse pour l'implantation, le développement et le renouveau des églises urbaines dans cette tradition wesleyenne de la sainteté.

CONCLUSION

Postface
LA NATURE SYMBOLIQUE DES VILLES BIBLIQUES

Jérusalem est devenue l'archétype biblique de l'espoir de Dieu pour une ville et des possibilités de rédemption urbaine. Elle était appelée « la joie de toute la terre » (Psaume 48 :2). Elle rayonnait de la présence et de la puissance divines : « De Sion, beauté parfaite, Dieu resplendit » (Psaume 50 :2). Jérusalem a même été déclarée comme étant la demeure désirée de Dieu : « C'est mon lieu de repos à toujours ; J'y habiterai, car je l'ai désirée. Je bénirai sa nourriture, je rassasierai de pain ses indigents. Je revêtirai de salut ses sacrificateurs, et ses fidèles pousseront des cris de joie. » (Psaume 132 :14-16) Cette histoire détaille de manière importante que la ville de Jérusalem a fonctionné avec un flux missionnaire centripète (dirigé vers le centre). Comme un aimant missionnaire, la force centripète de Jérusalem et de son temple attirait les gens en son centre pour la gloire et le culte de Dieu. Les nations étaient invitées à venir à Jérusalem pour découvrir la beauté du monothéisme et la vie collective d'une nation sainte créée pour glorifier et adorer le seul vrai Dieu.

Ninive est une autre ville biblique symboliquement importante qui a changé la trajectoire de la mission urbaine. En tant que capitale de l'empire assyrien, Ninive était considérée comme la plus grande ville du monde. Le livre de Jonas la décrit comme une ville étendue qu'il fallait trois jours de marche (3 :3), et dont la population dépassait les 120 000 habitants (4 :11). Mais Ninive était également connue pour ses pratiques extrêmement païennes. C'était une ville méchante qui méritait le juste jugement de Dieu. Elle était remplie d'aveugles spirituels « qui ne savaient pas distinguer leur droite de leur gauche » (v. 11).

Ils ne cherchaient pas Dieu, et ils ne se souciaient pas de Jérusalem. Alors, par compassion miséricordieuse, Dieu leur a envoyé Jonas, pour qu'il aille là où ils étaient et leur prêche. Voici un changement majeur dans les missions urbaines qui préfigure les paroles de Jésus dans la Grande Commission. Le peuple de

NOTES DE FIN

1. E. A. Girvin, *Phineas F. Bresee : A Prince in Israel, a Biography* (Kansas City, MO : Nazarene Publishing House, 1916), 99. Quoted in Floyd Cunningham, ed., Stan Ingersol, Harold E. Raser, and David P. Whitelaw, *Our Watchword and Song : The Centennial History of the Church of the Nazarene* (Kansas City, MO : Beacon Hill Press of Kansas City, 2009), 96.

2. Harold E. Raser, "Beating Back the Amnesia : Love for Neighbors in the Church of the Nazarene, 1975-1998," presented October 29-30, 1998, Nazarene Compassionate Ministries Conference Theological Symposium, published in *Didache : Faithful Teaching* (February 25, 2008), https://didache.nazarene.org/index.php/regiontheoconf/ncm-1998/739-ncm1998-5-raser/file.

3. Compte rendu de l'Église locale, « Réunion de la Congrégation », Los Angeles (30 octobre 1895), 3-4.

4. Donald A. McGavran, *Understanding Church Growth* (Grand Rapids : Wm. B. Eerdmans Publishing Co., 1970), 295. McGavran a inventé l'expression « rédemption et élévation » pour décrire le pouvoir qu'à l'Évangile de transformer chaque individu, en particulier son état socio-économique.

5. Paul Benefiel : « Nazarenes in the City : La stratégie pour Los Angeles. » Document présenté à la conférence de l'Association des chercheurs sociaux nazaréens, 1986. Collection ANSR, Archives nazaréennes, Lenexa, KS.

6. Cité dans Harold Ivan Smith, *The Quotable Bresee* (Kansas City, MO : Beacon Hill Press de Kansas City, 1983), 167-68.

7. Cité dans Smith, *The Quotable Bresee*, 167-68.

8. Benefiel : « Nazarenes in the City. »

9. Timothy L. Smith, *Called unto Holiness, Volume 1 : The Story of the Nazarenes : The Formative Years* (Kansas City, MO : Nazarene Publishing House, 1962), 27. C'est nous qui soulignons.

10. Ces traditions disparates sont plus que géographiques. Elles incluent également les facteurs importants que sont la classe, l'éducation, la culture et la race, et ces différences nécessitent une analyse approfondie.

11. L'expression « tradition wesleyenne de la sainteté » se distingue de la sainteté de Keswick (également connue sous le nom de mouvement Higher Life), de la sainteté d'Oberlin ou de la sainteté pentecôtiste. Le terme « wesleyen » est important en tant que modificateur de « sainteté » afin de différencier les quatre courants du mouvement américain de la sainteté auxquels on se réfère.

12. Leigh Gallagher, *The End of the Suburbs : Where the American Dream Is Moving* (New York : Portfolio/Penguin, 2013), 14.

13. Soong-Chan Rah, *The Next Evangelicalism : Libérer l'Église de la captivité culturelle occidentale* (Downers Grove, IL : InterVarsity Press, 2009), 126.

14. Rodney Stark, *Cities of God : The Real Story of How Christianity Became an Urban Movement and Conquered Rome* (San Francisco : HarperSanFrancisco, 2006), 2.

LA VILLE

15. Wayne A. Meeks, *The First Urban Christians : The Social World of the Apostle Paul* (New Haven, CT : Yale University Press, 1983), 8.

16. Ramsay MacMullen, *Roman Social Relations : 50 B.C. to A.D. 284* (New Haven, CT : Yale University Press, 1974), 28-56.

17. Meeks, *The First Urban Christians*, 11.

18. Meeks, *The First Urban Christians*, 10.

19. Stark, *Cities of God*, 162. C'est nous qui soulignons.

20. Stark, *Cities of God*, 25.

21. Timothy L. Smith, *Revivalism and Social Reform in Mid-19th-Century America* (Nashville : Abingdon Press, 1957), 62.

22. Harold E. Raser, « 'Christianizing Christianity' : Le mouvement de la sainteté en tant qu'église, l'Église ou l'absence totale d'église ? Publié par l'Église du Nazaréen, n.d., https://www.usacanadaregion.org/sites/usacanadaregion.org/files/Roots/Resources/Christianizing%20Christianity%20by%20Harold%20Raser.pdf.

23. Smith, *Called unto Holiness*, 435.

24. Stan Ingersol, *Past and Prospect : The Promise of Nazarene History* (Eugene, OR : Wipf and Stock, 2014), 21.

25. Ingersol, *Past and Prospect*, 10.

26. Smith, *Called unto Holiness*, 52.

27. Bresee et Reynolds : Église épiscopale méthodiste ; Haynes et Benson : Église épiscopale méthodiste, Sud ; Sharpe : Église épiscopale méthodiste, congrégationaliste.

28. Floyd Cunningham, ed., Stan Ingersol, Harold E. Raser, and David P. Whitelaw, *Our Watchword and Song : The Centennial History of the Church of the Nazarene* (Kansas City, MO : Beacon Hill Press de Kansas City, 2009), 10-11. C'est nous qui soulignons.

29. Cunningham et al., *Our Watchword and Song*, 11. C'est nous qui soulignons. Les grandes églises étaient situées principalement dans les zones urbaines.

30. Cunningham et al., *Our Watchword and Song*, 11.

31. Harvie M. Conn and Manuel Ortiz, *Urban Ministry : The Kingdom, the City, and the People of God* (Downers Grove, IL : IVP Academic, 2001), 69-70.

32. Cunningham et al., *Our Watchword and Song*, 11. C'est nous qui soulignons.

33. Le flux centripète est dirigé vers l'intérieur, vers le centre. Le flux centrifuge est dirigé vers l'extérieur du centre.

34. Cunningham et al., *Our Watchword and Song*, 346.

35. "Rise of Industrial America, 1876–1900 : City Life in the Late 19th Century," Library of Congress, https://www.loc.gov/classroom-materials/united-states-history-primary-source-timeline/rise-of-industrial-america-1876-1900/city-life-in-late-19th-century/.

36. Les premiers nazaréens ont utilisé le mot « travailleur » à dessein. Ils l'ont identifié comme un symbole descriptif du ministère de Jésus auprès des pauvres et des déshérités du monde : « la

ENDNOTES

mission laborieuse et humble du Christ et [par ricochet] la mission des disciples du Christ ». Cunningham et al., *Our Watchword and Song*, 101.

37   Cunningham et al., *Our Watchword and Song*, 100.

38   Cunningham et al., *Our Watchword and Song*, 107.

39   Cunningham et al., *Our Watchword and Song*, 100.

40   Toute référence à la communauté latino dans ce livre doit être comprise comme incluant tout le monde, quel que soit le sexe.

41   David O. Moberg, *The Great Reversal : Reconciling Evangelism and Social Concern* (Eugene, OR : Wipf & Stock Publishers, 2006), 11, 30.

42   Ralph D. Winter, « Comprendre la polarisation entre la mission fondamentaliste et la mission moderniste, » *International Journal of Frontier Missiology*, 26 (Printemps 2009), 6.

43   Moberg, *The Great Reversal*, 11, 30.

44   Soong-Chan Rah, *The Next Evangelicalism : Libérer l'Église de la captivité culturelle occidentale* (Downers Grove, IL : InterVarsity Press, 2009), 96.

45   Floyd Cunningham, ed., Stan Ingersol, Harold E. Raser, and David P. Whitelaw, *Our Watchword and Song : The Centennial History of the Church of the Nazarene* (Kansas City, MO : Beacon Hill Press of Kansas City, 2009), 185.

46   La majorité des nazaréens dans les années 1920 et 1930 vivaient aux États-Unis.

47   Stan Ingersol, *Past and Prospect : The Promise of Nazarene History* (Eugene, OR : Wipf and Stock, 2014), 12. Ingersol fait référence à l'introduction d'un "système à deux partis" dans le protestantisme américain.

48   R. T. Williams, « Allocution des surintendants généraux, » *Seventh General Assembly Journal* (1928), 49. Cité dans Paul M. Bassett, « The Fundamentalist Leavening of the Holiness Movement, 1914-1940, The Church of the Nazarene : A Case Study, » *Wesleyan Theological Journal* Vol. 13 (Spring 1978) : 75-76.

49   Bassett, « The Fundamentalist Leavening », 65-91.

50   Ingersol, *Past and Prospect*, 12.

51   Smith, *Called unto Holiness*, 29.

52   Harvie M. Conn, *The American City and the Evangelical Church : A Historical Overview* (Grand Rapids : Baker Books, 1994), 39.

53   James Blaine Chapman, *Herald of Holiness* (5 novembre 1924). Cité dans Smith, *Called unto Holiness*, 319. C'est nous qui soulignons.

54   Cunningham et al., *Our Watchword and Song*, 11, 12.

55   H. V. Miller, « Allocution quadriennale des surintendants généraux », Assemblée générale de l'Église du Nazaréen, 1948.

56   Gibson Winter, *The Suburban Captivity of the Churches : An Analysis of Protestant Responsibility in the Expanding Metropolis* (Garden City, NY : Doubleday and Company, 1961), 42.

57   Ron Benefiel, Courriel Personnel à l'auteur, 18 Octobre 2015.

58   Winter, *The Suburban Captivity of the Churches*, 3.

59. Winter, *The Suburban Captivity of the Churches*, 47.
60. Cunningham et al., *Our Watchword and Song*, 435.
61. Tom Nees, courriel personnel à l'auteur, 7 octobre 2015.
62. Jim Copple, courriel personnel à l'auteur, 12 octobre 2015
63. La première grande migration (1910-1930) a vu plus d'un million de personnes quitter les régions rurales du sud pour les régions urbaines du nord-est et du centre-ouest. La deuxième grande migration, qui a suivi la Grande Dépression et s'est poursuivie jusqu'au milieu de la guerre du Vietnam (1940-1970), a vu cinq autres millions de personnes affluer vers les zones urbaines du nord-est et de la Californie.
64. Nicholas Lemann, *The Promised Land : The Great Black Migration and How It Changed America* (New York : Vintage Books, 1992). Cité dans Glen Kehrein, « The Times They Are a-Changing : The Suburbanization of Poverty, » in *A Heart for the Community : New Models for Urban and Suburban Ministry*, eds. John Fuder et Noel Castellanos (Chicago : Moody Publishers, 2013), 298.
65. Kehrein, « The Times They Are a-Changing, » 302.
66. L'Église du Nazaréen, à cette époque, peut être décrite comme une dénomination « blanche ». « Cheryl Sanders, universitaire et pasteur de l'Église de Dieu (Anderson), a inclus l'Église du Nazaréen parmi les 'groupes de sainteté fondamentalement blancs, de classe moyenne, reflétant le péché et la honte de l'Amérique raciste'. » Cheryl J. Sanders, *Saints in Exile : The Holiness-Pentecostal Experience in African American Religion and Culture* (New York : Oxford University Press, 1996), 103. Cité dans Cunningham et al, *Our Watchword and Song*, 375.
67. Winter, *The Suburban Captivity of the Churches*, 47–48.
68. Cunningham et al., *Our Watchword and Song*, 368.
69. *Journal de la douzième Assemblée générale de l'Église du Nazaréen*, eds. S. T. Ludwig et Greta Hamsher (n.p. [1948]), 61. Cité dans Cunningham et al, *Our Watchword and Song*, 368.
70. Kehrein, « The Times They Are a-Changing, », 303.
71. Sean Benesh, *Exegeting the City : Ce que vous devez savoir sur l'implantation d'églises dans la ville aujourd'hui* (Portland : Urban Loft Publishers, 2015), Kindle Location 793.
72. William G. Flanagan, *Urban Sociology : Images and Structure*, 5ème ed. (Lanham, MD : Rowman & Littlefield Publishers, 2010), 213.
73. Ross Douthat, *Bad Religion : How We Became a Nation of Heretics* (New York : Free Press, 2012), 80.
74. Dean R. Hoge, Benton Johnson et Donald A. Luidens, *Vanishing Boundaries : The Religion of Mainline Protestant Baby Boomers* (Louisville : Westminster John Knox Press, 1994). Cité dans Douthat, *Bad Religion*, 80.
75. *Leave It to Beaver* diffusé entre 1957 et 1963. *My Three Sons* diffusé entre 1960 et 1972. Plus tard, des sitcoms comme *Happy Days* (diffusé entre 1974 et 1984) ont perpétué la vie romancée de la société de la banlieue. Au cours de cette même période, *Good Times* (diffusé entre 1974 et 1979) mettait en scène une famille afro-américaine vivant dans une tour d'habitation à Chicago, comme une alternative à l'utopie de la banlieue.
76. Ingersol, *Past and Prospect*, 15.

ENDNOTES

77   Tom Nees, « Taking Holiness to the Streets, » *Holiness Today* (January 2004), 30–31. Cité dans Cunningham et al, *Our Watchword and Song*, 584.

78   Cunningham et al., *Our Watchword and Song*, 584.

79   Tom Nees, *The Holiness Social Ethic and Nazarene Urban Ministry*, thèse de doctorat (Wesley Theological Seminary, 1976), 6.

80   Michael J. Christensen, *City Streets, City People : A Call for Compassion* (Nashville : Abingdon Press, 1988). Cité dans Conn, *The American City and the Evangelical Church*, 155.

81   Conseil des surintendants généraux, « Proclamation », *Herald of Holiness* (1er décembre 1981), 5, répété dans une « Proclamation » similaire, *Herald of Holiness* (15 novembre 1984), 5. Cité dans Cunningham et al, *Our Watchword and Song*, 586-87.

82   Cité dans Cunningham et al., *Our Watchword and Song*, 587. C'est nous qui soulignons.

83   Tom Nees, courriel personnel à l'auteur, octobre 2015. Les résultats de l'initiative Thrust to the Cities ont été mitigés. Tom Nees commente par courriel personnel : « Je ne connais pas de 'bilan après action' officiel de la Poussée. Peu après mon arrivée au bureau États-Unis/Canada, nous avons réalisé une étude informelle de l'efficacité de la poussée dans les villes américaines et canadiennes ciblées. Cela vaudrait peut-être la peine d'interviewer certaines des personnes directement impliquées et de convoquer un comité de 'révision après action' pour aider le [Conseil des surintendants généraux] à tirer des leçons de ses efforts. »

84   Les historiens situent le deuxième Grand Réveil entre 1790 et 1840.

85   Les principaux mouvements d'implantation d'églises réformées, dirigés par de nouveaux théologiens calvinistes, comprennent le réseau Actes 29, la Gospel Coalition et Redeemer City to City.

86   Le plus important réseau charismatique d'implantation d'églises en milieu urbain est Hillsong Church, en Australie. Initialement affiliée à la branche australienne des Assemblées de Dieu, appelée Australian Christian Churches, Hillsong s'en est séparé en 2018 et se considère désormais comme une dénomination à part entière. Hillsong Church est actuellement présente dans les grandes villes de vingt-trois pays.

87   David Hempton, *Methodism : Empire of the Spirit* (New Haven, CT : Yale University Press, 2005), 204.

88   Don Thorsen, *Calvin vs. Wesley : Bringing Belief in Line with Practice* (Nashville : Abingdon Press, 2013), xv.

89   Thorsen, *Calvin vs. Wesley*, 55. La compréhension des moyens de grâce par John Wesley sera étudiée plus en détail au chapitre 4.

90   Thorsen, *Calvin vs. Wesley*, 105, 116, 121.

91   Randy Maddox, *Responsible Grace : John Wesley's Practical Theology* (Nashville : Abingdon Press, 1994), 19.

92   Timothy Tennent, "Responsible Grace," blog, February 5, 2015, https://timothytennent.com/responsible-grace-randy-maddox/.

93   Maddox, *Responsible Grace*, 212.

94   Maddox, *Responsible Grace*, 25, 211, 212. C'est nous qui soulignons.

95   Maddox, *Responsible Grace*, 196.

LA VILLE

96. Henry H. Knight III and F. Douglas Powe, Jr., *Transforming Community : The Wesleyan Way to Missional Congregations* (Nashville : Discipleship Resources, 2016), Kindle Location 798.

97. Timothy L. Smith, *Popular Protestantism in Mid-Nineteenth-Century America*, Thèse de doctorat, Harvard University, 1955. Le terme « antebellum » désigne ici la période de l'histoire américaine précédant la guerre de Sécession.

98. John Wesley, « Sermon 39 : Catholic Spirit », c. 1749/1750, http://wesley.nnu.edu/john-wesley/the-sermons-of-john-wesley-1872-edition/sermon-39-catholic-spirit/. Copyright 1999 par le Wesley Center for Applied Theology. Pour Wesley, le mot « catholique » ne fait pas référence à une dénomination ou à un groupe spécifique de chrétiens. Le terme fait plutôt référence à l'église entière, le corps du Christ, en tant que communauté universelle de tous les temps et de tous les lieux.

99. Lovett H. Weems, Jr., *John Wesley's Message Today* (Nashville : Abingdon Press, 1991), 22–23.

100. Mildred Bangs Wynkoop, *A Theology of Love : The Dynamic of Wesleyanism* (Kansas City, MO : Beacon Hill Press of Kansas City, 1972), 100.

101. Timothy L. Smith, *Nazarenes and the Wesleyan Mission : Can We Learn from Our History ?* (Kansas City, MO : Beacon Hill Press of Kansas City, 1979), 2. À l'origine, il s'agissait d'un discours prononcé lors de la conférence annuelle des dirigeants de l'Église du Nazaréen en janvier 1979. L'objectif déclaré de Smith pour ce discours était « simplement de demander quelles leçons tirées de la longue histoire de la relation du méthodisme à la doctrine de la sainteté chrétienne aideront les nazaréens à la maintenir à sa place centrale dans notre foi et notre communion. »

102. Le Conseil des surintendants généraux, « Une foi vivante : Ce que les nazaréens croient : Valeurs fondamentales. » C'est nous qui soulignons.

103. Kenneth L. Carder, "What Difference Does Knowing Wesley Make ?" in *Rethinking Wesley's Theology for Contemporary Methodism*, ed. Randy L. Maddox (Nashville : Kingswood Books, 1998), 22 Pour des raisons de référence et de comparaison, l'édition finale de 1559 des *Institutes of the Christian Religion* de Jean Calvin (latin : Institutio Christianae Religionis) contenait soixante-dix-neuf chapitres. S'appuyant sur le Credo des Apôtres, Calvin a axé les quatre divisions de sa théologie systématique sur : « Je crois en Dieu le Père ; je crois en Jésus-Christ ; je crois au Saint-Esprit ; je crois en la sainte Église catholique. »

104. La Réforme magistrale (par opposition à la Réforme radicale) concerne les mouvements de réforme qui étaient soutenus par les autorités dirigeantes (c'est-à-dire les magistrats). Martin Luther, Jean Calvin et Ulrich Zwingli ont tous été soutenus dans une certaine mesure par les pouvoirs politiques pour imposer leurs positions théologiques. Le terme « magistère » se caractérise également par l'accent mis sur l'autorité d'un enseignant, souvent critiqué par les réformateurs radicaux comme étant similaire au pouvoir des papes catholiques romains.

105. William M. Greathouse, "The Theological Vision That Guides Clergy Preparation in the Church of the Nazarene," *Didache : Faithful Teaching* Vol. 1, No. 1 (June 2001), https://didache.nazarene.org/index.php/volume-1-1/93-v1n1-greathouse/file.

106. Les cinq *solas* classiques de la Réforme protestante comprennent *sola Scriptura* (« par l'Écriture seule »), *sola fide* (« par la foi seule »), *sola gratia* (« par la grâce seule »), *solo Christo* (« par le Christ seul ») et *soli Deo gloria* (« à Dieu seul soit la gloire »).

107. William M. Greathouse, « Quelles sont les caractéristiques wesleyennes qui façonnent et informent l'enseignement supérieur chrétien aujourd'hui ? » Présenté lors de l'inauguration du président Robert I. Brower, Point Loma Nazarene University, San Diego (16 avril 1998).

108. Don Thorsen, *Le quadrilatère wesleyen : A Model of Evangelical Theology* (Lexington, KY : Emeth Press, 2005), 39.

109. Greathouse, "Wesleyan Distinctives," 2.

110. T. A. Noble, *Holy Trinity : Holy People : The Theology of Christian Perfecting* (Eugene, OR : Cascade Books, 2013), 16.

111. Greathouse, "Wesleyan Distinctives," 2.

112. Greathouse, "Wesleyan Distinctives," 2. Final quote from George Croft Cell, *The Rediscovery of John Wesley* (New York : Henry Holt and Company, 1935), 359.

113. Albert C. Outler, ed., *John Wesley* (New York : Oxford University Press, 1964).

114. Weems, *John Wesley's Message Today*, 12.

115. Maddox, *Responsible Grace*, 46. Maddox développe une phrase inventée par John Giffin dans « Scriptural Standards in Religion : John Wesley's Letters to William Law and James Hervey, » *Studia Biblica et Theologica* 16 :143-68.

116. Pour un traitement complet des tensions actuelles au sein des études wesleyennes concernant le quadrilatère d'Outler, voir Noble, *Holy Trinity*, 12-18.

117. Diane Leclerc, *Découvrir la sainteté chrétienne : Le cœur de la théologie wesleyenne de la sainteté* (Kansas City, MO : Beacon Hill Press of Kansas City, 2010), 320. Leclerc a baptisé le quadrilatère de simple « nom pour la pratique des freins et contrepoids de Wesley. »

118. Ron Benefiel, "Our Wesleyan Tradition : Wesleyan Faith and Practice and the PLNU Mission," *Didache : Faithful Teaching*, Vol. 12, No. 2 (Hiver 2013), https://didache.nazarene.org/index.php/volume-12-2/878-didache-v12n2-01-our-wesleyan-tradition-plnu/file.

119. John Wesley, *The Complete Works of John Wesley : Developments in Doctrine & Theological System, Volume 1, Sermons 1–53* (Harrington, DE : Delmarva Publications, 2014), Kindle Location 4000.

120. Thorsen, Calvin vs. Wesley, 55-56.

121. John Wesley, « Minutes of Several Conversations, » in *The Works of the Rev. John Wesley, A.M.*, ed. Thomas Jackson (Londres : Wesleyan Methodist Book Room, 1872 ; réimprimé à Grand Rapids : Baker Book House, 1979), 8.323-24. Cité dans Thorsen, *Calvin vs. Wesley*, 56.

122. D. Michael Henderson, *John Wesley's Class Meeting : A Model for Making Disciples* (Nappanee, IN : Francis Asbury Press of Evangel Publishing House, 1997), 85.

123. Wesley, *Works* (Jackson), 8 :269.

124. Henderson, *John Wesley's Class Meeting*, 84.

125. Henderson, *John Wesley's Class Meeting*, 93.

126. Henderson, *John Wesley's Class Meeting*, 112-13.

127. Henderson, *John Wesley's Class Meeting*, 121. Souvent, ces hommes et ces femmes choisis étaient personnellement sélectionnés par John Wesley.

128. Robert G. Tuttle, Jr., *John Wesley : His Life and Theology* (Grand Rapids : Zondervan, 1978), 27. Tuttle note que le 28 juin 1799, jour du quatre-vingt-cinquième anniversaire de Wesley, il a écrit dans son journal qu'il assistait à une société sélective.

129. Henderson, *John Wesley's Class Meeting*, 125.

LA VILLE

130 Henderson, *John Wesley's Class Meeting*, 19. « L'un des vices les plus démoralisants des pauvres était l'alcoolisme généralisé, même chez les enfants. En 1736, une maison sur six à Londres avait une licence de grogshop. La consommation de gin dépassait les onze millions de gallons par an rien qu'en Angleterre. »

131 John Wesley, *A Plain Account of Christian Perfection, Annotated*, Randy L. Maddox and Paul W. Chilcote, eds. (Kansas City, MO : Beacon Hill Press de Kansas City, 2015), 142-43. Le *Plain Account* de Wesley a subi plusieurs révisions au cours de sa vie, la dernière édition reconnue par la plupart des spécialistes datant de 1777.

132 John Wesley, "The Nature, Design, and General Rules of the United Societies," dans *The Works of John Wesley, Bicentennial Edition* (Nashville : Abingdon Press, 1989), 9 :69–70.

133 Henry H. Knight III and F. Douglas Powe, Jr., *Transforming Community : The Wesleyan Way to Missional Congregations* (Nashville : Discipleship Resources, 2016), Kindle Location 363.

134 Elaine A. Heath and Scott T. Kisker, *Longing for Spring : A New Vision for Wesleyan Community* (Eugene, OR : Cascade Books, 2010), 34. Cité dans Kevin M. Watson, *The Class Meeting : Reclaiming a Forgotten (and Essential) Small Group Experience* (Franklin, TN : Seedbed Publishing, 2014), 25.

135 David Hempton, *Methodism : Empire of the Spirit* (New Haven, CT : Yale University Press, 2005), Kindle Locations 1041-48.

136 Il convient de noter que la première expérience officielle d'une réunion de classe a été une campagne d'investissement pour aider à rembourser la dette d'un bâtiment à Bristol.

137 Knight and Powe, *Transforming Community*, Kindle Locations 387-400.

138 Watson, *The Class Meeting*, 28, 29.

139 Roger Finke et Rodney Stark, *The Churching of America, 1776-2005 : Winners and Losers in Our Religious Economy* (New Brunswick, NJ : Rutgers University Press, 2005), 55–57.

140 Finke et Stark, *The Churching of America*, 55-57.

141 Emmenés par l'intransigeant John Wesley, la majorité des méthodistes britanniques et américains étaient farouchement opposés à l'esclavage et s'engageaient activement dans la lutte contre celui-ci. On pense généralement que la dernière lettre de John Wesley a été écrite à William Wilberforce pour l'encourager dans la lutte antiesclavagiste en Angleterre. Par conséquent, les méthodistes et les baptistes étaient les plus accueillants envers les Noirs américains. Les pasteurs méthodistes noirs étaient soutenus, et les laïcs méthodistes noirs étaient encouragés à assumer des rôles de direction. Le soutien apporté à la communauté afro-américaine a provoqué une explosion de la croissance du méthodisme. En 1851, l'Église épiscopale méthodiste comptait 7,8 % de membres parmi tous les adultes noirs des États-Unis (Finke et Stark, The Churching of America, 101). L'un des plus puissants témoins de cette acceptation raciale est Richard Allen, un prédicateur méthodiste afro-américain libre de Philadelphie. Il pensait que le méthodisme, par opposition aux autres nominations américaines, « fournissait la discipline personnelle et la réforme nécessaires aux personnes tenues en esclavage. » (Finke and Stark, *The Churching of America*, 104). Nash states, « Pour Allen et d'autres leaders méthodistes noirs, cela semblait être un système parfait pour soulever un peuple opprimé. » (Gary B. Nash, *Forging Freedom : The Formation of Philadelphia's Black Community, 1720-1840* [Cambridge : Harvard University Press, 1988], 193. Quoted in Finke and Stark, *The Churching of America*, 104).

142 C. C. Goss, *Statistical History of the First Century of American Methodism : A Summary of the Origin and Present Operations of Other Denominations* (New York : Carlton & Porter, 1866), 162-86. Cité

dans Finke et Stark, *The Churching of America*, 113-16. À l'occasion de la célébration du centenaire du méthodisme, Goss a exposé de manière très détaillée les raisons du succès du « miracle méthodiste ».

143 Watson, *The Class Meeting*, 22.

144 Watson, *The Class Meeting*, 27.

145 Smith, "Nazarenes and the Wesleyan Mission," 7-10.

146 Smith, "Nazarenes and the Wesleyan Mission," 8. C'est nous qui soulignons.

147 Smith, "Nazarenes and the Wesleyan Mission," 8-10.

148 Smith, "Nazarenes and the Wesleyan Mission," 8.

149 Watson, *The Class Meeting*, 31, 151. « On peut également voir une variété d'autres explications pour justifier le déclin numérique du méthodisme au cours des dernières décennies. Je ne fais pas ici d'argument académique formel. Néanmoins, le déclin de la réunion de classe est fréquemment inclus par les historiens du méthodisme comme au moins *un* facteur dans le déclin plus large du méthodisme américain, si ce n'est le facteur le plus important. » C'est nous qui soulignons.

150 Lovett H. Weems, Jr., *Leadership in the Wesleyan Spirit* (Nashville : Abingdon Press, 1999), 47. C'est nous qui soulignons.

151 Weems, *Leadership in the Wesleyan Spirit*, 47.

152 Theodore W. Jennings, Jr., "Wesley's Preferential Option for the Poor," *Quarterly Review* 9 (1989), 16.

153 Theodore W. Jennings, Jr., *Good News to the Poor : John Wesley's Evangelical Economics* (Nashville : Abingdon Press, 1990), 54.

154 John Wesley, *Journal* (November 24, 1760), in *Works* (Jackson), 3 :28.

155 Jennings, *Good News to the Poor*, 54. C'est nous qui soulignons.

156 Randy L. Maddox, "'Visit the Poor' : John Wesley, the Poor, and the Sanctification of Believers" in *The Poor and the People Called Methodists, 1729-1999*, ed. Richard P. Heitzenrater (Nashville : Kingswood Books, 2002), 64. C'est nous qui soulignons.

157 Benefiel, "Our Wesleyan Tradition," 13.

158 Nathan O. Hatch, *The Democratization of American Christianity* (New Haven, CT : Yale University Press, 1989), 127.

159 Jennings, *Good News to the Poor*, 135.

160 Donald A. McGavran, *Understanding Church Growth* (Grand Rapids : Wm. B. Eerdmans Publishing Co., 1970), 295.

161 Richard M. Cameron, *Methodism and Society in Historical Perspective* (Nashville : Abingdon Press, 1961), 73.

162 P. F. Bresee, *Nazarene Messenger*, December 31, 1901.

163 Donald Dayton, "Liberation Theology in the Wesleyan and Holiness Tradition," *Online Journal of Public Theology*. Souligné dans l'original.

164 Carder, "What Difference Does Knowing Wesley Make ?" 29.

165 Maddox, "Visit the Poor," 81.

166 Thomas G. Long, *Preaching and the Literary Forms of the Bible* (Philadelphia : Fortress Press, 1989), 24-25.

167 *Church of the Nazarene Manual : 2017-2021* (Kansas City, MO : Nazarene Publishing House, 2017), 27.

168 J'ai présenté pour la première fois le contenu de cette section dans le discours d'ouverture de la conférence biblique et théologique John A. Knight, Mount Vernon Nazarene University, février 2012. Le titre de l'annonce était « Lions, Lambs, and the New Creation : Une exploration de la vision eschatologique d'Ésaïe 11 pour l'Église. "

169 James K. A. Smith, *Desiring the Kingdom : Worship, Worldview, and Cultural Formation*, Vol. 1 of *Cultural Liturgies* (Grand Rapids : Baker Academic, 2009), 92.

170 Eugene H. Peterson, *Reversed Thunder : The Revelation of John and the Praying Imagination* (San Francisco : HarperSanFrancisco, 1991), xii, 145-46.

171 L'expression « déjà/pas encore », si répandue aujourd'hui, est attribuée pour la première fois au théologien réformé et éminent professeur du Princeton Theological Seminary, Geerhardus Vos, qui y a enseigné la théologie biblique de 1892 jusqu'à sa retraite en 1932.

172 Fleming Rutledge, *The Crucifixion : Understanding the Death of Jesus Christ* (Grand Rapids : Wm. B. Eerdmans Publishing Co., 2015), 220.

173 Richard B. Hays, *The Moral Vision of the New Testament : A Contemporary Introduction to New Testament Ethics* (San Francisco : HarperSanFrancisco, 1996), 21.

174 Richard T. Pascale, Mark Millemann et Linda Gioja ont donné à Hirsch l'idée de gérer à partir du futur, *Surfing the Edge of Chaos : The Laws of Nature and the New Laws of Business* (New York : Three Rivers Press, 2000), 240. Cité dans Alan Hirsch, *The Forgotten Ways : Reactivating the Missional Church* (Grand Rapids : Brazos Press, 2006), 234.

175 Hirsch, *The Forgotten Ways*, 234.

176 Attribué à John J. Collins (without reference) in Robert W. Wall, *New International Biblical Commentary : Revelation* (Peabody, MA : 1991), 15. Quoted in Michael J. Gorman, *Reading Revelation Responsibly : Uncivil Worship and Witness : Following the Lamb into the New Creation* (Eugene, OR : Cascade Books, 2011), 20.

177 Gorman, *Reading Revelation Responsibly*, 17.

178 Le pasteur et artiste quaker Edward Hicks a inventé cette expression pour sa première interprétation d'une peinture sur Esaïe 11 en 1834. Il a finalement produit soixante et une re-créations de la première peinture.

179 Robert Linthicum, *Transforming Power : Biblical Strategies for Making a Difference in Your Community* (Downers Grove, IL : InterVarsity Press, 2003), 37. La théologie de *Shalom* est également enrichie par les écrits de Walter Brueggemann, *Living Toward a Vision : Biblical Reflections on Shalom* (1982) ; Lisa Sharon Harper, *The Very Good Gospel : How Everything Wrong Can Be Made Right* (2016) ; et Randy Woodley, *Shalom and the Community of Creation : An Indigenous Vision* (2012).

180 Linthicum, *Transforming Power*, 66.

[181] George Eldon Ladd a été un pionnier de l'étude de l'eschatologie inaugurale. Publié pour la première fois en 1974, son ouvrage classique, *A Theology of the New Testament*, est devenu une voix majeure dans la montée de la théologie du royaume.

[182] Donald A. McGavran, *Understanding Church Growth* (Grand Rapids : Wm. B. Eerdmans Publishing Co., 1970), 69.

[183] Soong-Chan Rah, *The Next Evangelicalism : Freeing the Church from Western Cultural Captivity* (Downers Grove, IL : InterVarsity Press, 2009), 98.

[184] Rah, *The Next Evangelicalism*, 84.

[185] Dallas Willard, "Studies in the Book of Apostolic Acts : Journey into the Spiritual Unknown," guide d'étude non publié disponible uniquement auprès de l'auteur. Cité dans Richard J. Foster, *Celebration of Discipline : The Path to Spiritual Growth* (New York : Harper & Row, 1988), 189.

[186] Mildred Bangs Wynkoop, *A Theology of Love : The Dynamic of Wesleyanism* (Kansas City, MO : Beacon Hill Press of Kansas City, 1972), 41.

[187] Linthicum, *Transforming Power*, 81.

[188] Linthicum, *Transforming Power*, 81–83.

[189] Donald Dayton, "Liberation Theology in the Wesleyan and Holiness Tradition," *Online Journal of Public Theology*, 7.

[190] Dietrich Bonhoeffer, *Life Together : The Classic Exploration of Christian Community* (New York : HarperCollins, 1954), 94.

[191] John Wesley, *Journal* (May 25, 1786), in *The Works of the Rev. John Wesley, A.M.*, ed. Thomas Jackson (London : Wesleyan Methodist Book Room, 1872 ; reprinted Grand Rapids : Baker Book House, 1979), 21 :466.

[192] Alan Kreider, *The Patient Ferment of the Early Church : The Improbable Rise of Christianity in the Roman Empire* (Grand Rapids : Baker Academic, 2016), 41.

[193] Le terme « catéchumène » désigne une personne qui se prépare au baptême par une instruction rigoureuse et un accompagnement attentif..

[194] Tod E. Bolsinger, *It Takes a Church to Raise a Christian : How the Community of God Transforms Lives* (Grand Rapids : Brazos Press, 2004), 10.

[195] Soong-Chan Rah, *Prophetic Lament : A Call for Justice in Troubled Times* (Downers Grove, IL : InterVarsity Press, 2015), 154.

[196] Rah, *Prophetic Lament*, 154.

[197] Bonhoeffer, *Life Together*, 112.

[198] Henry H. Knight III and F. Douglas Powe, Jr., *Transforming Community : The Wesleyan Way to Missional Congregations* (Nashville : Discipleship Resources, 2016), Kindle Location 434.

[199] Alan J. Roxburgh and Fred Romanuk, *The Missional Leader : Equipping Your Church to Reach a Changing World* (San Francisco : Jossey-Bass, 2006), 123.

[200] Roxburgh and Romanuk, *The Missional Leader*, 123.

[201] Roxburgh and Romanuk, *The Missional Leader*, 145. Emphasis added.

202 David O. Moberg, *The Great Reversal : Reconciling Evangelism and Social Concern* (Eugene, OR : Wipf & Stock Publishers, 2006), 30.

203 Kenneth E. Crow, "The Nazarene Listening Post," document présenté à l'Association des sociologues et chercheurs nazaréens (1986). Cited in David M. Best, *The Urban Imperative*, livre non publié commandé par la stratégie de mission de l'Église du Nazaréen, États-Unis/Canada, 15.

204 David M. Best, *The Urban Imperative*, 36.

205 Crow, "The Corps of Pastors of the Church of the Nazarene," document présenté à l'Association des sociologues et chercheurs nazaréens (1996). Cited in Best, *The Urban Imperative*, 36.

206 Crow, "Clergy Preparation from the Perspective of Recent Additions to the Nazarene Ministerial Corps," document présenté à l'Association des sociologues et chercheurs nazaréens (1990). Cité dans Best, *The Urban Imperative*, 36.

207 Loretta Lees, Tom Slater, and Elvin Wyly, *Gentrification* (New York : Routledge, 2008), xv.

208 Sean Benesh, *Exegeting the City : What You Need to Know about Church Planting in the City Today* (Portland : Urban Loft Publishers, 2015), Kindle Location 521.

209 Mark R. Gornik, *To Live in Peace : Biblical Faith and the Changing Inner City* (Grand Rapids : Wm. B. Eerdmans Publishing Co., 2002), 35.

210 Colin Gordon, *Mapping Decline : St. Louis and the Fate of the American City* (Philadelphia : University of Pennsylvania Press, 2008), 190.

211 Benesh, *Exegeting the City*, Kindle Location 587.

212 Benesh, *Exegeting the City*, Kindle Location 587.

213 Loretta Lees, "The Ambivalence of Diversity and the Politics of Urban Renaissance : The Case of Youth in Downtown Portland, Maine," *International Journal of Urban and Regional Research* 27, no. 3 (October 13, 2003), 614, https://onlinelibrary.wiley.com/doi/abs/10.1111/1468-2427.00469.

214 Benesh, *Exegeting the City*, Kindle Location 628. L'expression « économies fondées sur l'artisanat » a également été utilisé pour décrire ce que l'on appelle ici les « économies de la connaissance ».

215 Benesh, *Exegeting the City*, Kindle Location 641. La théorie de la culture de consommation est l'étude sociologique des choix et des comportements de consommation des personnes afin de déterminer les valeurs et les principes de croyance.

216 Stephanie Hanes, "The New 'Cool' Cities for Millennials," *The Christian Science Monitor*, February 1, 2015, https://www.csmonitor.com/USA/Society/2015/0201/The-new-cool-cities-for-Millennials.

217 Dan Majors, "Pittsburgh's Youth Exodus Reverses : Millennials Are Being Drawn to the City," *Pittsburgh Post-Gazette*, August 7, 2016, https://www.post-gazette.com/local/city/2016/08/08/Millennials-are-being-drawn-to-Pittsburgh/stories/201608070226.

218 George Galster et Jason Booza, "The Rise of the Bipolar Neighborhood," *Journal of the American Planning Association* 73, no. 4 (Autumn 2007), 421–35. Sur 2 377 quartiers de New York, 705 sont considérés comme "bipolaires" (29,7 %) ; pour Los Angeles, 370 quartiers sur 2 016 sont qualifiés de bipolaires (18,4 %).

219 George Galster et Jason Booza, "The Rise of the Bipolar Neighborhood," *Journal of the American Planning Association* 73, no. 4 (automne 2007), 421-35. Les conclusions de Galster et Booza indiquent que le quartier bipolaire moyen présente une distribution bimodale (bien

qu'asymétrique) des revenus, les groupes aux revenus les plus faibles et les plus élevés constituant près de 69 % du total.

[220] George Galster and Jason Booza, "The Rise of the Bipolar Neighborhood," *Journal of the American Planning Association* 73, no. 4 (Automne 2007), 421-35.

[221] Eric O. Jacobsen, *The Space Between : A Christian Engagement with the Built Environment* (Grand Rapids : Baker Academic, 2012), 215-37.

[222] Edward Glaeser, *Triumph of the City : How Our Greatest Invention Makes Us Richer, Smarter, Greener, Healthier, and Happier* (New York : Penguin Press, 2011), 177.

[223] Alan Ehrenhalt, *The Great Inversion and the Future of the American City* (New York : Vintage Books, 2013), Kindle Location 521.

[224] Abram Lueders, "Evangelicals and the New Urbanism," *Marginalia : Los Angeles Review of Books*, April 22, 2017, https://themarginaliareview.com/evangelicals-new-urbanism/.

[225] Isabel Wilkerson, *The Warmth of Other Suns : The Epic Story of America's Great Migration* (New York : Random House, 2010), 378. Quoted in Soong-Chan Rah, *Prophetic Lament : A Call for Justice in Troubled Times* (Downers Grove, IL : InterVarsity Press, 2015), 87-88.

[226] Pete Saunders, "Inner Ring Suburbs Could Use Some Attention," *Forbes*, September 28, 2016, https://www.forbes.com/sites/petesaunders1/2016/09/28/inner-ring-suburbs-could-use-some-attention/?sh=6be67d393b50.

[227] Benesh, *Exegeting the City*, Kindle Location 667.

[228] Sean Benesh, *Metrospiritual : The Geography of Church Planting* (Eugene, OR : Resource Publications, 2011), 5. L'étude est axée sur la recherche de sept villes de la moitié ouest des États-Unis et du Canada.

[229] Benesh, *Exegeting the City*, Kindle Location 999.

[230] Sean Benesh, "Church Planting in the City," in *Text & Context : Church Planting in Canada in Post-Christendom*, ed. Leonard Hjalmarson (Portland : Urban Loft Publishers, 2013), 187-96.

[231] La préoccupation pour l'au-delà était l'essence même du gnosticisme, l'une des plus anciennes hérésies chrétiennes. L'Évangile de Jean et les épîtres johanniques ont été écrits, en partie, pour combattre cette idéologie de séparation entre le monde physique et le monde spirituel.

[232] Kenneth J. Collins, *Power, Politics, and the Fragmentation of Evangelicalism : From the Scopes Trial to the Obama Administration* (Downers Grove, IL : IVP Academic, 2012), 113.

[233] Roger E. Olson, "The World Its Parish : Wesleyan Theology in the Postmodern Global Village," *Asbury Theological Journal* 59, no. 1 (2004), 23.

[234] Collins, *Power, Politics, and the Fragmentation of Evangelicalism*, 113.

[235] Stan Ingersol, "Born in Hope, Borne Onward in Love," document présenté au déjeuner des délégués fraternels, vingt-neuvième Assemblée générale de l'Église du Nazaréen, Indianapolis., June 26, 2017.

[236] David A. Busic, "The Point of Pilot Point," *Transform the Globe*, April 13, 2018, https://transformtheglobe.com/2018/04/13/the-point-of-pilot-point/.

[237] Ingersol, "Born in Hope, Borne Onward in Love."

238 Floyd Cunningham, ed., Stan Ingersol, Harold E. Raser, et David P. Whitelaw, *Our Watchword and Song : The Centennial History of the Church of the Nazarene* (Kansas City, MO : Beacon Hill Press of Kansas City, 2009), Kindle Locations 1548-61, 4573.

239 Tom Nees, *The Holiness Social Ethic and Nazarene Urban Ministry*, doctoral thesis (Wesley Theological Seminary, 1976), 40.

240 B. F. Haynes, "Reformation Versus Transformation," *Herald of Holiness* [now *Holiness Today*] (12 mars 1913), 4. Cité par Nees, *The Holiness Social Ethic and Nazarene Urban Ministry*, 31-32.

241 Cunningham et al., *Our Watchword and Song*, Kindle Locations 7141-7220.

242 Dans une enquête récente, le clergé nazaréen américain a été interrogé sur ses positions politiques. Les deux tiers de ceux qui ont été interrogés ont indiqué qu'ils étaient opposés au grand gouvernement et n'avaient aucun désir de le voir « plus activement engagé dans la résolution des problèmes sociaux ». En outre, 87 pour cent de ces ministres se sont identifiés comme politiquement conservateurs, 10 pour cent comme modérés, et 4 pour cent comme libéraux. Corwin E. Smidt, ed., *Pulpit and Politics : Clergy in American Politics at the Advent of the Millennium* (Waco, TX : Baylor University Press, 2004), 174, 177.

243 William Kostlevy, *Holiness Manuscripts : A Guide to Sources Documenting the Wesleyan Holiness Movement in the United States and Canada* (Chicago : American Theological Library Association, 1994), 40. Quoted in Kenneth Collins, *Power, Politics, and the Fragmentation of Evangelicalism*, 114.

244 Stan Ingersol, *Past and Prospect : The Promise of Nazarene History* (Eugene, OR : Wipf and Stock, 2014), 18.

245 Kenneth L. Carder, "What Difference Does Knowing Wesley Make ?" in *Rethinking Wesley's Theology for Contemporary Methodism*, ed. Randy L. Maddox (Nashville : Kingswood Books, 1998), 30.

246 Stan Ingersol, "Nazarenes and the Urban Ethos : An Exploratory Essay," document présenté à l'Association des sociologues et chercheurs nazaréens, 1986.

247 Ingersol, "Nazarenes and the Urban Ethos."

248 Nees : « Les préoccupations sociales de l'Église du Nazaréen pendant ses années de formation (1895-1920) telles qu'elles sont reflétées dans ses publications officielles. » in *The Holiness Social Ethic and Nazarene Urban Ministry*.

249 Ingersol, *Past and Prospect*, 18.

250 Ingersol, "Nazarenes and the Urban Ethos."

251 La Grande Dépression est née aux États-Unis et, selon la plupart des estimations, a duré de 1929 à 1941.

252 Ingersol, "Nazarenes and the Urban Ethos."

253 Ingersol, "Nazarenes and the Urban Ethos."

254 Ingersol, "Nazarenes and the Urban Ethos." C'est nous qui soulignons.

255 Ronald R. Emptage, "Denominational Identity in Historical Perspective," document présenté à l'Association des sociologues et chercheurs nazaréens, 1989.

256 Jim Copple, courriel personnel à l'auteur, October 12, 2015.

257 Michael Mata, "Organizational Leadership in Urban Contexts," seminar, Fuller Theological Seminary (Pasadena, CA, July 13-17, 2015).

258 Michael R. Jones, "Book Review : *Urban Ministry : The Kingdom, the City, and the People of God* by Conn and Ortiz," in *What Does the Text Say : Biblical Studies, Theology, and Pastoral Ministry*, blog, April 24, 2012, https://michaelrjones.wordpress.com/2012/04/24/book-review-urban-ministry-the-kingdom-the-city-the-people-of-god-by-conn-ortiz/.

259 David M. Best, *Successfully Serving the City*, audiobook (Nashville : Towel and Basin and Highley Music Company, 1997).

260 Best, *Successfully Serving the City*.

261 David M. Best, *The Urban Imperative*, livre non publié commandé par la stratégie de mission de l'Église du Nazaréen, États-Unis/Canada, 81.

262 Best, *The Urban Imperative*, 82.

263 Tom Nees, courriel personnel à l'auteur, October 2015.

264 Jesse Miranda, interview, cité dans Best, *The Urban Imperative*, 79.

265 Best, *The Urban Imperative*, 79.

266 Harvie M. Conn, newsletter, December 1983. Quoted in Mark R. Gornik, "The Legacy of Harvie M. Conn," *International Bulletin of Mission Research* Vol. 35, No. 4 (October 2011), 213.

267 Timothy Keller, *Center Church : Doing Balanced, Gospel-Centered Ministry in Your City* (Grand Rapids : Zondervan, 2012), 368.

268 Keller, *Center Church*, 369.

269 Keller, *Center Church*, 362-65.

270 Gornik, "The Legacy of Harvie M. Conn," 215.

271 Harvie M. Conn, *The American City and the Evangelical Church : A Historical Overview* (Grand Rapids : Baker Books, 1994), 9-11.

272 Leonard Hjalmarson, "Post-Christendom and Adaptive Challenge," in *Text & Context : Church Planting in Canada in Post-Christendom*, ed. Leonard Hjalmarson (Portland : Urban Loft Publishers, 2013), 19.

273 Timothy Keller, *Center Church : Doing Balanced, Gospel-Centered Ministry in Your City* (Grand Rapids : Zondervan, 2012), 360-61.

274 Phyllis Tickle, *The Great Emergence : How Christianity Is Changing and Why* (Grand Rapids : Baker Publishing Group, 2008), 17. Faisant référence aux inévitables changements culturels qui se produisent dans l'église, Tickle enracine le bouleversement culturel dans des aspects historiques du christianisme qui ont démontré comment les nouvelles expressions de la foi ne détruisent pas l'église existante mais, au contraire, la rendent plus forte et meilleure. « L'expression organisée du christianisme qui était jusqu'alors dominante est reconstituée en une expression plus pure et moins ossifiée de son ancien moi. »

275 Keller, *Center Church*, 361.

276 Ed Stetzer, "Serving God in Today's Cities : An Interview with Dean Merrill," *Christianity Today*, March 24, 2015.

277 Timothy L. Smith, "Internationalization and Ethnicity : Nazarene Problems and Accomplishments," document présenté à l'Association des sociologues et chercheurs nazaréens, 1987, ANSR Collection, Nazarene Archives, Global Ministry Center for the Church of the Nazarene, Lenexa, KS.

278 Oliver R. Philips, *Who Moved My Church ? New Curves to Express Demographic Changes* (International Church of the Nazarene Multicultural Ministries, 2003), 21.

279 Thomas G. Nees, *The Changing Face of the Church : From American to Global* (Kansas City, MO : Beacon Hill Press of Kansas City, 1997), 84.

280 Cindy Perman, "The Top Ten Most Diverse Cities in America," January 29, 2014.

281 "About Houston : Facts and Figures".

282 Le fait que le ministère urbain sera désormais certainement multiculturel pour une période de temps indéfinie a été démontré par le missiologue nazaréen Paul Orjala dans un article non publié intitulé « Le missionnaire urbain » faisant partie d'un rapport du comité des missiologues pour l'Église du Nazaréen, 1996. Le concept de missionnaire urbain était une nouvelle façon d'envisager le ministère multiculturel aux États-Unis.

283 Tom Nees, "Building an Inclusive Church in a Multicultural Society," document non publié, 1999. Quoted in Phillips, *Who Moved My Church ?* 22.

284 Paul Cunningham, "There's Room at God's Table for Everyone," sermon, September 1994. Quoted in David M. Best, *The Urban Imperative*, livre non publié commandé par la stratégie de mission de l'Église du Nazaréen, États-Unis/Canada, 44. C'est nous qui soulignons.

285 Thomas Noble, "Why the Church of the Nazarene ?" sermon (Kansas City, MO : Nazarene Theological Seminary, 1er mai 2002).

286 Dale Jones and Rich Houseal, "Urban Cores and the Church of the Nazarene—United States" (Lenexa, KS : Services de recherche nazaréens pour le Centre du ministère mondial de l'Église du Nazaréen, Juillet 2015).

287 Richard Fry, "Millennials Projected to Overtake Baby Boomers as America's Largest Generation," Pew Research Center, March 1, 2018.

288 Robert Wuthnow, *After the Baby Boomers : How Twenty- and Thirty-Somethings Are Shaping the Future of American Religion* (Princeton, NJ : Princeton University Press, 2007), 20-49.

289 Elisabeth A. Nesbit Sbannato, "Context and Connection : Understanding Generations as Cultures," *Evangelicals Magazine*, Spring/Summer 2017, 16.

290 Wuthnow, *After the Baby Boomers*, 72-77.

291 Hannah Fingerhut, "Millennials' Views of News Media, Religious Organizations Grow More Negative," Pew Research Center, January 4, 2016.

292 See Robert D. Putnam, *Our Kids : The American Dream in Crisis* (New York : Simon & Schuster, 2015).

293 David Brooks, "The Cost of Relativism," *New York Times*, March 10, 2015.

294 Gabe Lyons, *The Next Christians : Seven Ways You Can Live the Gospel and Restore the World* (Colorado Springs : Multnomah Books, 2010), 181-202. Lyons utilise l'expression « contre-culturel, pas pertinent » pour décrire les attributs du millénaire.

ENDNOTES

295 Nina Schmidgall, "Building Faith : Reaching the Next Generation of Families," *Evangelicals Magazine*, Spring/Summer 2017, 18.

296 Sbanotto, "Context and Connection," 17.

297 Schmidgall, "Building Faith," 19.

298 See Kara E. Powell and Chap Clark, *Sticky Faith : Everyday Ideas to Build Lasting Faith in Your Kids* (Grand Rapids : Zondervan, 2011). See also Kara Powell, Jake Mulder, and Brad Griffin, *Growing Young : Six Essential Strategies to Help Young People Discover and Love Your Church* (Grand Rapids : Baker Books, 2016).

299 Citation attribuée à Ron Benefiel in Best, *The Urban Imperative*, 50.

300 Url Scaramanga and Andy Rowell, "Missional vs. Attractional : Debating the Data," *Christianity Today*, December 2008.

301 Hjalmarson, "Post-Christendom and Adaptive Challenge," 21.

302 Hjalmarson, "Post-Christendom and Adaptive Challenge," 21.

303 Based on Michaele LaVigne, *Living the Way of Jesus : Practicing the Christian Calendar One Week at a Time* (Kansas City, MO : The Foundry Publishing, 2019), 189.

304 John Wesley, *Journal* (June 11, 1739), in *The Works of the Rev. John Wesley, A.M.*, ed. Thomas Jackson (London : Wesleyan Methodist Book Room, 1872 ; reprinted Grand Rapids : Baker Book House, 1979), 19 :67.

305 Henry H. Knight III and F. Douglas Powe, Jr., *Transforming Community : The Wesleyan Way to Missional Congregations* (Nashville : Discipleship Resources, 2016), Kindle Location 522.

306 Diana Butler Bass, *Christianity for the Rest of Us : How the Neighborhood Church Is Transforming the Faith* (San Francisco : HarperSanFrancisco, 2006), 38.

307 The V3 Church Planting Movement, "3 Ways the Parish Model Would Change Your Church," n.d., https://thev3movement.org/2017/05/18/3-ways-parish-model-change-church/.

308 Edmund P. Clowney, *Living in Christ's Church* (Suwanee, GA : Great Commission Publications, 1986). Quoted in Timothy Keller, *Center Church : Doing Balanced, Gospel-Centered Ministry in Your City* (Grand Rapids : Zondervan, 2012), 369.

309 Awaken Parish Network, "Parish Model Church Planting," n.d.

310 Leonard Hjalmarson, "Post-Christendom and Adaptive Challenge," in *Text & Context : Church Planting in Canada in Post-Christendom*, ed. Leonard Hjalmarson (Portland : Urban Loft Publishers, 2013), Kindle Location 293.

311 Awaken Parish Network, "Parish Model Church Planting."

312 Awaken Parish Network, "Parish Model Church Planting."

313 Melissa Kelley, "Redefining the Parish Model : An Old Concept Finds Revival Within the PCA," *By Faith : The Online Magazine of the Presbyterian Church in America*, No. 35 (June 1, 2012).

314 Cannata est cité dans Kelley, "Redefining the Parish Model."

315 La 8th Street Church a été lancée à l'origine sous le nom de Midtown Church of the Nazarene. Le nom a été changé après que la congrégation ait déménagé vers son emplacement actuel. L'adoption du nom 8th Street Church avait trois raisons : Tout d'abord, il y avait un engagement spécifique à restaurer un bâtiment historique à Oklahoma City en raison de l'engagement

connexe au modèle d'église paroissiale. En outre, depuis plus de cent ans, le bâtiment est connu sous le nom de « l'église de la 8th Street » ou « la vieille église de la 8th Street ». Honorer l'histoire est important pour les dirigeants de l'église de la 8th Street. Ensuite, le nom décrit facilement l'emplacement, ce qui est significatif en ce qui concerne le modèle de la paroisse. Enfin, dans l'histoire de la création, Dieu a créé en six jours et s'est reposé le septième. Mais le huitième jour, Dieu a commencé à créer à nouveau.

[316] Chris Pollock, "Oklahoma City Church Plant Prospectus : A Proposal to the Bethany First Church of the Nazarene Church Board," October 2013. (Partagé personnellement avec l'auteur par Pollock, novembre 2015.)

[317] Pollock, "Oklahoma City Church Plant Prospectus," 4–7.

[318] Pollock, "Oklahoma City Church Plant Prospectus," 4–7.

[319] Pollock, "Oklahoma City Church Plant Prospectus," 2.

[320] Chris Pollock, "Our 8th Street Dreams," 8th Street Church of the Nazarene, https://www.8thstreetchurch.org/8th-street-project.

[321] "8th Street Project," 8th Street Church of the Nazarene, https://www.8thstreetchurch.org/8th-street-project.

[322] "8th Street Project."

[323] Evan Mosshart, "Our 8th Street Dreams."

[324] 8th Street Church of the Nazarene, "Our Vision," https://www.8thstreetchurch.org/our-vision.

[325] 8th Street Church of the Nazarene, "Our Vision."

[326] "The Eucharist," 8th Street Church of the Nazarene, https://www.8thstreetchurch.org/worship.

[327] "The Eucharist," 8th Street Church of the Nazarene, https://www.8thstreetchurch.org/worship.

[328] Weekly worship bulletin for 8th Street Church of the Nazarene, May 2015.

[329] Michaele LaVigne, courriel personnel à l'auteur, February 6, 2020.

[330] 8th Street Church of the Nazarene, "Our Beliefs," https://www.8thstreetchurch.org/our-beliefs.

[331] Sean Benesh, *Exegeting the City : What You Need to Know about Church Planting in the City Today* (Portland : Urban Loft Publishers, 2015), Kindle Location 666.

[332] Kenneth L. Carder, "What Difference Does Knowing Wesley Make ?" in *Rethinking Wesley's Theology for Contemporary Methodism*, ed. Randy L. Maddox (Nashville : Kingswood Books, 1998), 30.

[333] Sean Benesh, *Metrospiritual : The Geography of Church Planting* (Eugene, OR : Resource Publications, 2011), 153.

[334] Michelle Davies, "Citizen of the Year : Javier Mondragon," *The Journal Gazette*, December 29, 2019, https://www.journalgazette.net/opinion/javier-mondragon/article_e81f3076-37fa-54ed-82f0-9b259d3e99eb.html.

[335] David Fitch, "50 Years of Church Planting : The Story as I See It," in *Text & Context : Church Planting in Canada in Post-Christendom*, ed. Leonard Hjalmarson (Portland : Urban Loft Publishers, 2013), Kindle Location 649.

[336] Timothy Keller, *Center Church : Doing Balanced, Gospel-Centered Ministry in Your City* (Grand Rapids : Zondervan, 2012), 147.

[337] Tim Keller, "What Is God's Global Urban Mission ?" Lausanne Movement, 2010. Je suis reconnaissant à Tim Keller pour ses idées concernant les aspects centripètes et centrifuges de la mission.

[338] "Resident Aliens" (Étrangers résidents) est un terme inventé par Stanley Hauerwas et William H. Willimon dans leur livre du même titre, *Resident Aliens : Life in the Christian Colony : A Provocative Christian Assessment of Culture and Ministry for People Who Know That Something Is Wrong* (Nashville : Abingdon Press, 1989).

[339] Abram Lueders, "Evangelicals and the New Urbanism," *Marginalia : Los Angeles Review of Books*, April 22, 2017.

www.ingramcontent.com/pod-product-compliance
Lightning Source LLC
Chambersburg PA
CBHW060526080526
44586CB00012B/634